高效能对话

どんな人とも**10秒**でうちとけて**話**せる本
どんな人とも**会話**がとまらず**話**せる本

轻松掌握
说话的艺术

【日】金井英之（Hideyuki Kanai）/著　陈磊/译

中华工商联合出版社

图书在版编目(CIP)数据

高效能对话 /(日)金井英之著；陈磊译著. —— 北京：
中华工商联合出版社，2022.10
ISBN 978-7-5158-3550-1

Ⅰ.①高… Ⅱ.①金…②陈… Ⅲ.①口才学—通俗
读物 Ⅳ.①H019-49

中国版本图书馆CIP数据核字(2021)第 178010 号

DONNA HITO TOMO 10BYOU DE UCHITOKETE HANASERU HON by Hideyuki Kanai
Copyright © Hideyuki Kanai 2007
DONNA HITO TOMO KAIWA GA TOMARAZU HANASERU HON by Hideyuki Kanai
Copyright © Hideyuki Kanai 2009
All Rights Reserved.
Original Japanese paperback edition published by ASA Publishing Co., Ltd., Tokyo
This Simplified Chinese Language bound volume is published by arrangement with ASA Publishing
Co., Ltd., Tokyo through East West Culture & Media Co., Ltd., Tokyo

北京市版权局著作权合同登记号：图字01-2022-4995

高效能对话

作　　者：	［日］金井英之
译　　者：	陈　磊
出 品 人：	刘　刚
责任编辑：	李　瑛
排版设计：	水日方设计
责任审读：	付德华
责任印制：	迈致红
出版发行：	中华工商联合出版社有限责任公司
印　　刷：	北京毅峰迅捷印刷有限公司
版　　次：	2022 年 11 月第 1 版
印　　次：	2022 年 11 月第 1 次印刷
开　　本：	710mm×1020mm　1/16
字　　数：	180 千字
印　　张：	15.5
书　　号：	ISBN 978-7-5158-3550-1
定　　价：	58.00 元

服务热线：010—58301130—0（前台）
销售热线：010—58302977（网店部）
　　　　　010—58302166（门店部）
　　　　　010—58302837（馆配部、新媒体部）
　　　　　010—58302813（团购部）
地址邮编：北京市西城区西环广场 A 座
　　　　　19—20 层，100044
http://www.chgslcbs.cn
投稿热线：010—58302907（总编室）
投稿邮箱：1621239583@qq.com

工商联版图书
版权所有　侵权必究

凡本社图书出现印装质量问题，请与印务部联系。
联系电话：010—58302915

PREFACE 前言

在面对陌生人、自己不太了解的人或者那些了不起的人时，有很多朋友可能无法泰然自若、表达自如吧？

因为在和这些自己不够熟识的人说话时，我们内心深处会有一种难以言传的惴惴不安和紧张感不断蔓延。"如果说不好该怎么办？""如果不被理睬该怎么办？""如果被对方觉得奇怪该怎么办？""如果谈话中途卡壳该怎么办？"这样心怀忧虑的我们最后很可能什么也说不出来，或者想说的话只说了一半就不了了之，进而逐渐形成了一种自卑心理。

可是，总不能因为不擅长就不说话了吧？而且人际交往每天都在身边发生，是无论如何也无法避开的。

所谓充实的人生关键取决于人际关系的质量。与人相遇、相交，才会形成良好的人际关系。所以拿出你的勇气，迈出面向成功彼岸的第一步吧。

请相信克服紧张事在必行，与对方畅所欲言也绝非难事。

比如，可以尝试与初次见面的人这样说："事实上，与您说话之前，我还一直紧张兮兮的。可是，没想到一聊起来会这么开心。尤其您的笑容这么美丽，说话又是如此和善，和您聊天真是让人舒心。"这样一来，就会迅速拉近彼此的距离。

本书从各个方面深入挖掘、整合了初次见面时使对方对自己留有好感的说话方法，以及摆脱尴尬局面、渲染谈话氛围的说话技巧，使你面对陌生人也能够谈笑风生。

请你一定要仔细体味与人相知相交的快乐，同时真心希望本书能够对你在解除烦恼、构建美丽人生的旅途中有所帮助。

金井英之

CONTENTS 目录

序　篇　写给不擅长说话的你

　　1　美好的相遇造就美好的人生　// 002
　　2　主动说话才有相遇的机会　// 004
　　3　自如表达成就美好相遇　// 006
　　4　相信你也可以!　// 008

第一章　如何让你说话不紧张

　　1　初次见面，如何不再怯场　// 012
　　2　首先尝试大声说话　// 014
　　3　说话不紧张有诀窍　// 016
　　4　其实对方也在紧张　// 018
　　5　给予积极暗示　// 019
　　6　准备周全，自然自信　// 022

第二章　如何给人留下好印象

　　1　给人留下好印象的三项准备工作　// 026

2　留下好印象的基本说话方法　// 029

3　留下好印象的基本发声练习　// 034

4　留下好印象的外表要求　// 038

5　提前模拟，准备周全　// 041

第三章　主动与人搭讪其实很简单

1　明确谈话的目的与结论就无须紧张　// 046

2　打破不同立场的三个要点　// 048

3　透过眼神观察对方性格　// 050

4　透过细节动作观察对方性格　// 053

5　对自己不擅长应对的类型要先下手为强　// 055

6　话题源源不断，自然不愁——话题的收集方法　// 057

7　对待任何人都适用的万能话题　// 060

8　如何看准时机与人搭讪　// 062

9　毫无顾虑地主动搭讪反而会更加顺利　// 066

第四章　使你能融洽交谈的开场白

1　相遇之初的十秒钟是最为重要的时间　// 070

2　能够瞬间融洽交谈的要点　// 071

3　以对方为中心展开会话　// 074

4　不要小看市井闲谈　// 076

5　初级篇——谈论天气是融洽谈话氛围的必杀技　// 079

6　中级篇——说几句投其所好的话　// 081

目 录

   7 高级篇——若无其事地表示理解 // 084

   8 说几句贴心的话 // 087

   9 如何应对出乎意料的回答 // 089

  10 对方毫无兴致时该如何应对 // 091

第五章　如何使交谈顺畅进行

   1 如果只顾自说自话就没办法继续交谈 // 094

   2 使对方愉快吐露心声的要点 // 097

   3 如何成为一个善于倾听的人 // 099

   4 谈话卡壳时如何引出新话题 // 102

   5 不断改变话题的策略 // 106

   6 如何掌控会话交谈的主动权 // 108

第六章　使谈话氛围高涨的说话方法

   1 发现共通点，越来越有趣 // 112

   2 尝试加点儿笑料 // 114

   3 为谈话增加韵味的要点 // 116

   4 如何成就生动形象的会话 // 119

   5 肢体语言的使用方法 // 123

   6 先等到对方提及 // 125

   7 营造良好氛围，步步逼近最终结论 // 127

第七章　让交谈不再虎头蛇尾

1　克服紧张的方法　// 132

2　叙述精练更容易传达　// 134

3　恰当地运用身体语言　// 136

4　用面部表情引导对方说话　// 138

5　良好的沟通礼仪很重要　// 140

6　一见如故，并非难事　// 142

7　积极的自我暗示能增强自信心　// 145

8　学会随机应变　// 148

9　要积累丰富的话题量　// 150

10　说话要有目的性　// 152

第八章　如何让交谈变得热烈

1　假设交谈是一次投接球游戏　// 156

2　表达使心情舒畅，因此需要给对方创造表达的机会　// 158

3　恰当的附和让你成为好的倾听者　// 159

4　倾听的魅力　// 161

5　找到和对方的共同点　// 164

6　懂得幽默，善用幽默　// 165

7　练就读心术，控制谈话方向　// 167

8　避免说话时喋喋不休　// 169

第九章　提问的技巧

1　提问是延伸话题的手段　// 174
2　提问的技巧　// 175
3　提问的禁忌　// 178
4　什么样的话题能让对方兴致勃勃　// 183
5　商务谈判中的提问技巧　// 185
6　交谈必杀技："提问+积极正面的反馈"　// 188

第十章　打开对方话匣子的33个关键词

这些话题让你一小时畅谈不断　// 192

第十一章　赞美让对方意犹未尽

1　真诚的赞美会让人打开心扉　// 206
2　赞美要发自内心　// 208
3　如何发现对方的优点　// 211
4　恰当地运用蕴含赞美之意的附和词　// 214
5　赞美要和询问相结合　// 216

第十二章　如何让交谈富有节奏感

1　富有节奏感的交谈意味深长　// 220
2　交谈中的"停顿艺术"　// 222
3　这样的告别让人印象深刻　// 227

结　语　跟谁都能聊得来，你能做到

1　提升人格魅力　// 232

2　不急于求成　// 233

3　说话方法因人而异，所以要有自己的特色　// 235

4　勇气是通往所有成功的必经之路　// 237

序 篇

写给不擅长说话的你

1　美好的相遇造就美好的人生
2　主动说话才有相遇的机会
3　自如表达成就美好相遇
4　相信你也可以！

① 美好的相遇造就美好的人生

主动攀谈改变人生

在日常生活中，我们几乎每天都要和公司的同事打招呼，招待客户，向上司和客户汇报工作，又或者在我们的私人空间里和亲朋好友交流，由此看来，事实上我们每天都需要和很多人会话。

无论是多么不善言谈、不善交际的人都不得不面对人际交往，甚至很多时候都需要主动去打招呼。

可是，等到要和陌生人打招呼的时候，便不由得会想一些多余的事情，比如：那个人会怎么想呢？说不清楚会不会被误会呀？要是之后无话可说怎么办呀……

一旦陷入这种想法无法自拔的话，就会过度在意对方的想法，进而踌躇不前。如果你也有这种不擅长交际的想法的话，不妨像下面这样想一想。

"如果没有遇到那个人的话，就不会有现在的我。"

"如果没有遇到那位老师的话，我一定不会有现在的成就。"

我想到目前为止，一定有几位给你的人生带来重大影响的人。那么，不妨回想一下，你是如何与他们相遇的呢？

下面，我们一起来看一下某大型企业营业部长T的经历吧。他中学时非常讨厌学习，讨厌到什么程度呢？曾经多次拒绝上学，甚至险些留级。

可是，升入高中之后，他遇到了一位数学老师。

有一次，T拒绝了朋友的邀请，没有去玩，而是专心地完成了作业。当他忐忑不安地把作业拿给数学老师看时，老师夸奖他道："你真努力呀！很好。再加把劲儿，你一定能进全班前五名，加油吧！"

从那以后，T像是变了一个人似地喜欢上了学习，并且成绩直线上升。不但成功考上了大学，还在录用比例为25比1的工作笔试中脱颖而出。

对此，T曾深表怀念地说："如果当时我没有拿出勇气去找老师，或者没有得到老师的认可的话，也就不会有现在的我了。"

再举一个例子，有一个营业员A，他在朋友的婚礼上和坐在身旁的一位先生主动攀谈，并且越谈越投机，最后竟成交了一笔大的订单，也赢得了一位固定客户。

这使他每个月的业绩都是公司最高的，连经理都对他刮目相看了。

相遇即机遇

人出生以后就会遇到很多人，比如家里的父母兄弟姐妹；学校的老师同学；公司的上司同事、客户，等等。

种种相遇很有可能会蕴藏着给自己的人生带来无限幸福的重大机遇。

那么，你在与人相遇时，有没有想过"这个人可能会对我的人生产生重大影响"呢？又有没有重视这个机会呢？

自古以来，就有机会错过不再来的说法。一旦错过了，即使再怎么努力挽回也是徒劳。所以，面对机遇要积极争取，不要让自己后悔莫及。无论是第一次见面的人，还是已经熟识的人，都要拿出勇气、主动攀谈。美好的相遇会使你的人生更加丰富多彩。

无论是生活幸福的人还是职场得意的人，他们都非常重视与人相遇的机会。

下面，我们就来说说如何打造美丽的邂逅。

② 主动说话才有相遇的机会

如果不主动说话，就没有所谓的开始

参加聚会时你会主动和周围的人说话吗？参加研讨会时你会主动和与会者进行交流吗？

面对这样的问题，大多数朋友都会说"不"吧。

在我的以商业和白领人士为主的语言交流教育中心的会话教室里，一个班20人左右，每个月都会进行对话学习。第一天上课时，大家都是初次见面，所以难免有些紧张。不自觉会想："今天都会来些什么样的人呢？今天会做什么呢？"

在开始上课前五分钟，大家就都到齐了，可是竟然没有一个人与旁边的人讲话。大家要么茫然坐着，要么低头玩手机，教室里一片寂静，鸦雀

无声。

以这样的状态学习会话，也学不到什么东西。于是，授课老师提示说："主动攀谈造就相遇，而相遇则会为我们带来无限可能。"然后让大家进行一分钟的会话练习。

练习期间，所有人都要站起来，和旁边或者前面的人进行一分钟的自由交谈。然后调换对象再练习，一共三次。

会话练习过后，再看大家的脸已经不像之前那么紧张兮兮的了，都换上了明快的色彩。在这样欢快的学习氛围中，就会有人相邀一起去喝茶或者喝啤酒什么的。

甚至还有人在会话过程中一见钟情，进而相知相守，两年后步入婚姻殿堂。举行婚礼时，他们邀请了所有学员，大家玩得非常开心。由于他们的相遇方式非常独特，还被"玫瑰花开"节目组采访了呢。

记住，主动与他人攀谈是美好相遇的开始。

试试主动开口

无论男女，只要是和朋友、同事等一大群人在一起的时候，大都会忘记周围人的感受而肆意地大声说话。

但是，一个人出行，或者进入陌生的圈子里时，说话就会变得没有底气。即使有人主动和你说话，也只能用蚊子大点儿的声音回答。这样一来，不就错过了难得的机会吗？

我们的祖先是以农耕劳作为主，大家一起下地干活，讲究集体主义。所以，人们都很害怕太过招摇而被别人疏远、排斥。即使现在，我们也会尽量避免太过显眼，总会习惯看着别人的行为而行动。

所以，当自己主动与人说话时，就会产生种种顾虑，害怕给人留下

"不知深浅""不懂礼貌""没品""轻浮"等不好的印象。

我们必须打破这种不好的习惯，拥有开放的心态。试想你在参加一个聚会，周围没有一个熟人，这时如果有位并不认识的绅士非常亲切地和你攀谈的话，你会有什么感觉呢？你一定会非常高兴地和那位先生交谈吧？

重点是不要等着别人主动与你说话，而是你要主动出击。其实相遇的起始点就是一场互动的游戏。主动开口、给予回答。这时，请不要处于被动的位置，而是要主动搭讪，自己去创造美好的相遇。

当然，有很多人都不擅长主动搭讪，这就需要不断练习，来使自己更加善于表达。

❸ 自如表达成就美好相遇

原来都是陌生人

仔细想一下，夫妇、邻居、亲友、恩师、上司、部下、客户，所有这些错综复杂的关系都是依靠不可思议的缘分牵引而形成的，而我们的社会正是由这种种人际关系交织组成的。

正因为受到众多人的影响，得到大家的帮助，才有了今天的你和我。

然而，即使这般缘分深厚的人原来也只是陌生人。偶然的相遇，再由缘分不断加深彼此的联络。

以前有一种说法，说是夫妻生前就已经由一根红线相连。果真如此吗？如果真的是这样的话，人们一定会想："反正人生都是命中注定的，结果都一样，努力也是徒劳！"从而丧失了工作和拓展人际关系的欲望。

红线并非出生之前就绑好的，是由于当事人的努力，才使得偶然的相遇变成了一生的牵绊。

重要的是相遇之后

第二次世界大战后一心求职的藤泽武夫，在卫生间偶遇旧交竹岛弘，又经过其介绍认识了本田宗一郎，才有了"世界的本田"，促成了本田技术研发工业的诞生。

梦想着在法律界有所发展的永富守之助，在船上偶遇鹿岛组的社长鹿岛精一，之后成为其女婿，进而继承了社长一职，将鹿岛组发展为日本当代工程建设业的代表——鹿岛建设，之后又步入仕途，一度担任国务大臣。

无论是遇到好的合作伙伴得以成功的商人，还是多年来的固定客户，甚至于多年和睦相处的模范夫妻，大家最初都是从陌生人开始的。而我们要学习的是如何将这些初次见面的陌生人转变为自己的财富。

无论是多么优秀、多么有能力的人，他自己的力量都是有限的。所以，结识贵人，借助他人的力量来弥补自己的不足之处，才有可能在人生的旅途中大步向前。

然而，仅仅停留在相遇的层次上是不够的，关键在于相遇之后。

❹ 相信你也可以！

亲密交谈并不难

正如之前叙述的那样，与人相遇，并使其转化为自己的财富，会使你的人生更加充实、更加丰富多彩。

所以，本书详尽地介绍了成功结识贵人的方法，也就是与对方亲密交谈的说话方法。无论是何种形式的相遇都源于交谈，所以一开始就能与对方融洽交谈的话，以后维持良好关系的可能性会更高。

与人融洽交谈其实并不难。如果按时间算的话，语速快的人十秒，慢的人一分钟，就足够与对方展开融洽的会话。十秒听起来好像很短，但在对话中的十秒却足够长，可以使你和对方心气平和。

本书会首先介绍与对方心平气和地说话技巧、说话的基础、如何开始与对方融洽交谈等方法。

只要掌握了这些方法，与人交谈时就不会有自卑心理和紧张情绪了。无论是和陌生人还是和熟识的人，都可以亲密交谈，构筑良好的人脉关系。

另一方面，也有很多人因为担心无法持续对话而犹豫不决，为此，我们也就持续对话的方法、活跃对话氛围的方法等进行详细说明。

如果过去有过失败经验，再次挑战时容易踌躇不前，但是，请记住，真正能够改变你人生的只有你自己。

通过对我的谈话课程的学习，很多有过失败经历的学员都克服了自己的恐惧心理，积极地进行交流。衷心希望有更多的朋友，能够和他们一样体会到与人相遇、相交的快乐。相信通过如此相遇而相识的朋友，一定会成为你不可或缺的宝藏。

第一章 **CHAPTER 1**

如何让你说话不紧张

1　初次见面，如何不再怯场
2　首先尝试大声说话
3　说话不紧张有诀窍
4　其实对方也在紧张
5　给予积极暗示
6　准备周全，自然自信

① 初次见面，如何不再怯场

心扑通扑通直跳是人的本能

和陌生人或者不太熟的人说话时，谁的心都会扑通扑通直跳，每个人都会感到忐忑不安。

对初次见面或者不太了解的人，我们会本能地感到恐惧。而且也会很自然地担心会不会说不好之类的，进一步增强了恐惧心理。

这样一来，心里就会像是悬着一块大石头一样，让人惴惴不安。在这种情况下，人的身体和精神都会高度紧张，进入自我保护状态。

这种自我保护意识的表现就是双手发抖、面红耳赤、心跳加速。

因为这些都是人的本能，所以即使有些差异，大部分人在和陌生人说话时都会有这些表现。

可是，尽管所有人都会紧张，但有的人说不好或者干脆说不出话，而有的人却依旧能够适应任何场面，无论对方是谁都可以畅所欲言。为什么会有如此迥异的结果呢？

这其实与当事人的性格是否容易怯场有关。

大多数内向型、消极派人士都比较容易怯场。比别人更容易激动、心跳加速、情绪紧张，丧失平常心，心脏自然会跳得像要裂开一般。更有甚者，还会声音发颤，手脚发抖。结果显而易见，无法与初次见面的人或者不熟识的人取得良好的沟通效果。

相反，能够放得开、凡事积极行动的人就不容易怯场。即使紧张也不会反应得那么明显，让自己陷入人际交往的困境。

怯场并非疾病，而是性格问题

在很多书籍中，我们可以看到"怯场症"的说法，因此，有很多朋友认为怯场是一种病，也就不足为奇了。但是，我个人一直坚持使用"怯场性"的说法，因为怯场并不是一种病症，而是性格问题，是因人而异的。

怯场这个毛病一定是可以克服的！

× 怯场症——病症

√ 怯场性——性格（消极的、内向的）

既然不是疾病，当然就可以克服。下面，我们来一起看一下具体克服的方法。

② 首先尝试大声说话

第一步是要有想要克服怯场的强烈意识

之前也提及过，与人交流时过于紧张、心跳加速等现象源于消极、内向的性格。这里，我首先要提示大家：性格是可以改变的。

换句话说，消极的性格也可以改变成积极向上的、开放型的性格。

只不过有一点必须清楚，那就是：真正能够改变你性格的只有你自己。

第一步是要有想要克服怯场的强烈意识，这是你转变为积极性格的新起点。

从外表上加以改变

对于懦弱或者消极的人，也就是那些容易紧张不安的人，他们都有一些共同的特点，那就是态度不明确、声音小。特别是越到正式的场合、越会紧张，声音越小。这是当事人从心理上压抑自己的结果。

为了告别懦弱、转变为积极的性格，首先养成大声说话的好习惯是非常重要的。与此同时，在姿势、动作、表情方面也需要有所改变。每天都要挺直腰杆、动作灵活、表情明快。

通过腹式深呼吸法来使自己心气平和

在抑制心跳加速，缓和心情方面，腹式深呼吸法非常有效。

身体一紧张，横膈膜就会抬高，呼吸浅氧气就会供应不足，造成呼吸不畅，反过来又会让人更加紧张。

> **腹式深呼吸法**
> ① 后背挺直、下巴缩回、放松肩部
> ② 从鼻子慢慢地吸气
> ③ 腹中吸满了空气以后，停住2～3秒
> ④ 鼓起腮帮，用力慢慢吐气
> → 这样反复进行四五次

首先，放松身体、轻轻闭上眼睛，鼻子慢慢地吸气，腹中吸满了空气以后，停住2～3秒，再慢慢吐气。

这样反复四五次，由于体内有了充足的氧气，原本僵硬的肌肉便会得到缓解，身体舒服了，横膈膜自然恢复原位。焦躁不安的心情得到平复，人也慢慢恢复平常心态。

腹式深呼吸法在保持平常心方面也非常有效。这也是与对方融洽交流的基础部分。在能够自然进行深呼吸之前，请多加练习。

虽然说性格可以改变，但也绝非一朝一夕之事。所以，还是让我们从平稳呼吸、不再怯场开始吧。伴随着这样的改变，也会逐渐放下内心的包袱，不再紧张了。

③ 说话不紧张有诀窍

为什么我们在面对某些人时并不紧张呢？

现在，请你回答下面几个问题，看看自己会不会紧张。

① 被叫到总裁面前，第一次见到总裁。
② 带着亲戚家刚上小学二年级的孩子去游乐园玩。
③ 和自己心仪已久的异性初次约会。
④ 下班后和弟弟去喝酒。

这四个问题里，会令你感到心跳加速的是①和③吧？那么，②和④为什么不会让你感到紧张呢？那是因为对方都是你足够了解的人。

请你回想一下第一次和心仪已久的人去约会时的心境吧，是不是从早上开始就异常兴奋，心跳得厉害，无法安心做别的事。

可是，一起出去过几次之后，这种心跳感就渐渐减弱，因为对彼此的性格、禀性、思维方式都已经很熟悉了，也没必要再故意讨好了，所以紧张感自然就会减弱，可以正常说话了。

无论是多么容易怯场的人，说话时也不会总是心跳加速。肯定也有一个人可以让他心平气和地说话。那么，我们就可以在那个人身上找到一些克服怯场的线索。下面，我们再具体分析一下使你不紧张的理由。

因为面对认识的人，所以不紧张

之前也说过，如果是面对第一次见面或者是不太熟的人，说话时就会心存戒备，进而进入自我保护状态。相对地，如果是认识的人，我们就会知道对方对自己不会构成威胁，自然放松警戒，可以安心地说话了。

因为知根知底，所以不紧张

家人朋友一起聊天时，彼此都十分了解，知根知底，没有必要装腔作势，所以能够单纯地享受聊天的乐趣。

这样的会话是不需要计较用词、不需要担心会在言语上伤害对方、不用担心找不到话题的，所以完全能用平常心去感知会话的快乐。

虽说如此，与不了解的人也万万不可一下子就表现得特别亲热，什么都说。不要使用过于艰涩的词汇，保持稳定的心情就可以了。

因为不在乎对方的视线，所以不紧张

你在和亲朋好友聚会聊天时会在意对方的视线吗？

与初次见面的人说话时会下意识地注意其视线。不过，和已经十分熟悉的人在一起时就不用了吧。为什么这么说呢？因为彼此可以感觉到对方视线中饱含着亲昵、关怀与共识。

由此可见，在会话之初，与对方建立信赖关系、营造愉快的谈话氛围，是使自己不紧张的先决因素。关键在于你自己先要喜欢对方，敞开心扉，对方才能够给予回应，畅所欲言。

相信你也有积极的一面

还有一个值得注意的地方，就是与对方谈话时，你自己的心态如何。

应该要以积极乐观、主动开放的姿态展开对话。我前面说过，内向、消极的性格是怯场的原因所在，但是请记住即使再消极的人也有其积极的一面。

想要转变为积极性格，首先要意识到自己积极的一面，并把它深刻地挖掘出来。

❹ 其实对方也在紧张

对方也在等待有人主动说话

我们在和别人说话之前，总会预想各种不好的结局："若是被拒绝了，会不会是讨厌我呀""若是话没有说明白，会不会误会我呀"之类的，进而放弃了主动说话的机会。这是因为自我意识过强。但是，请记住，焦虑不安的不止是我们，其实对方也是一样。

最近，企业间的跨行业交流会十分流行。

虽然说大家是为了拓展工作领域、认识更多的朋友才聚到一起的，但是当司仪说请各位自由交流时，还是会有一种尴尬的气流四处飘荡。

有的人强颜欢笑，在会场内四处走动；有的人靠在墙根观察周围的人；有的人焦急地等待着是否有人来和自己主动攀谈。

还有一类人比较扎眼，那就是带着公司的同事一起参加活动，结果整个聚会交流下来也就只是在和自己的同事聊天。真不知道他们到底为什么来参加跨行业交流会的！

大家都是为了交流而来，却又都不好意思先开口说话。在这种情况下，如果有人主动过来攀谈，一定会长出一口气，非常亲切地给予回应。

如果当时主动搭讪的话……

年过四十的中年男子I有过这样的体验。

在与二十多年未见的高中同学聚会时，I见到了心仪已久的K。上学时，K就是男同学心中的焦点人物，I也一直暗恋着她，但由于胆小怯懦，没有勇气告白，这段恋情还没来得及开始就随着高中毕业而不了了之。

而在聚会时，I却意外听到了K的真心话。

"高中时，你在足球部吧。我的爸爸、弟弟都非常喜欢踢足球，所以，我当时对你很感兴趣。曾经想和你探讨关于足球的事情，可是没敢开口。谁让你总是板着张脸来着。"

真是没想到，校花竟然在等我主动开口……

I后悔莫及地说道："如果当时我能够主动和她说话，那么也许人生就会得以转变吧。"

所以，对方也和你一样紧张不安，在等着你先主动开口说话。为什么不拿出勇气，积极地先打破僵局呢？只有那样才能让自己的人生更加开阔。

❺ 给予积极暗示

切忌使用消极语言

暗示作用说不上是好是坏，反正人类在暗示作用面前都显得尤为脆弱。比如，有的人总是说："活着就是受罪。"可是，与其说是由于生活辛苦才使他这么说，倒不如说是由于他总这么说，久而久之形成了强烈的心理暗示，才会越发觉得生活辛苦的。

　　心理暗示是通过语言产生的。但不等于说，只要不说就可以避免。因为人在思考时，头脑中也运用了语言。心理暗示的作用非常强大，身体受到暗示语言的影响而有所反应，进而连行动都会受到左右。

　　在所有心理暗示中，负面的暗示作用效果最为明显。

　　"初次见面，该说些什么呢？真是不好应付呀！""那个人太讨厌了，真不想见他。"你有没有过类似的想法，或者说过此类的话呢？

　　如果平时常常这么说或者习惯这么想的话，就会形成负面心理暗示，一旦遇见那样的人，自然就会非常紧张。

运用肯定的语言来刺激潜意识

　　相反的，如果能够给自己积极的暗示的话，与人交流时就不会出现过度紧张的现象了。

　　所以，请尝试不断提示自己"那个人不错""这次的营销很简单""我的话肯定没问题"，给予自己类似的积极心理暗示。

　　之前也说过，容易怯场的人多为消极思考者或者性格内向的人，他们就经常下意识地使用一些负面语言。

　　所以，在日常生活中，即使没有与人进行直接交流，也要习惯采用积极的思考方式，多多使用肯定性的语言，比如，"今天天气真不错呀""这首歌真好听！""这饭真好吃！"之类的。

　　重要的是要相信这些积极用语的神奇力量。

　　其实，在潜意识里，深藏着很多连我们自己都已经忘记的体验或者知识，而这些体验或知识会在关键时刻帮我们做出判断，控制我们的行动。

第一章　如何让你说话不紧张

这样在我们不断积极暗示自己的同时，这些暗示也会进入我们的潜意识，进而使我们的性格和行动变得越来越乐观向上。

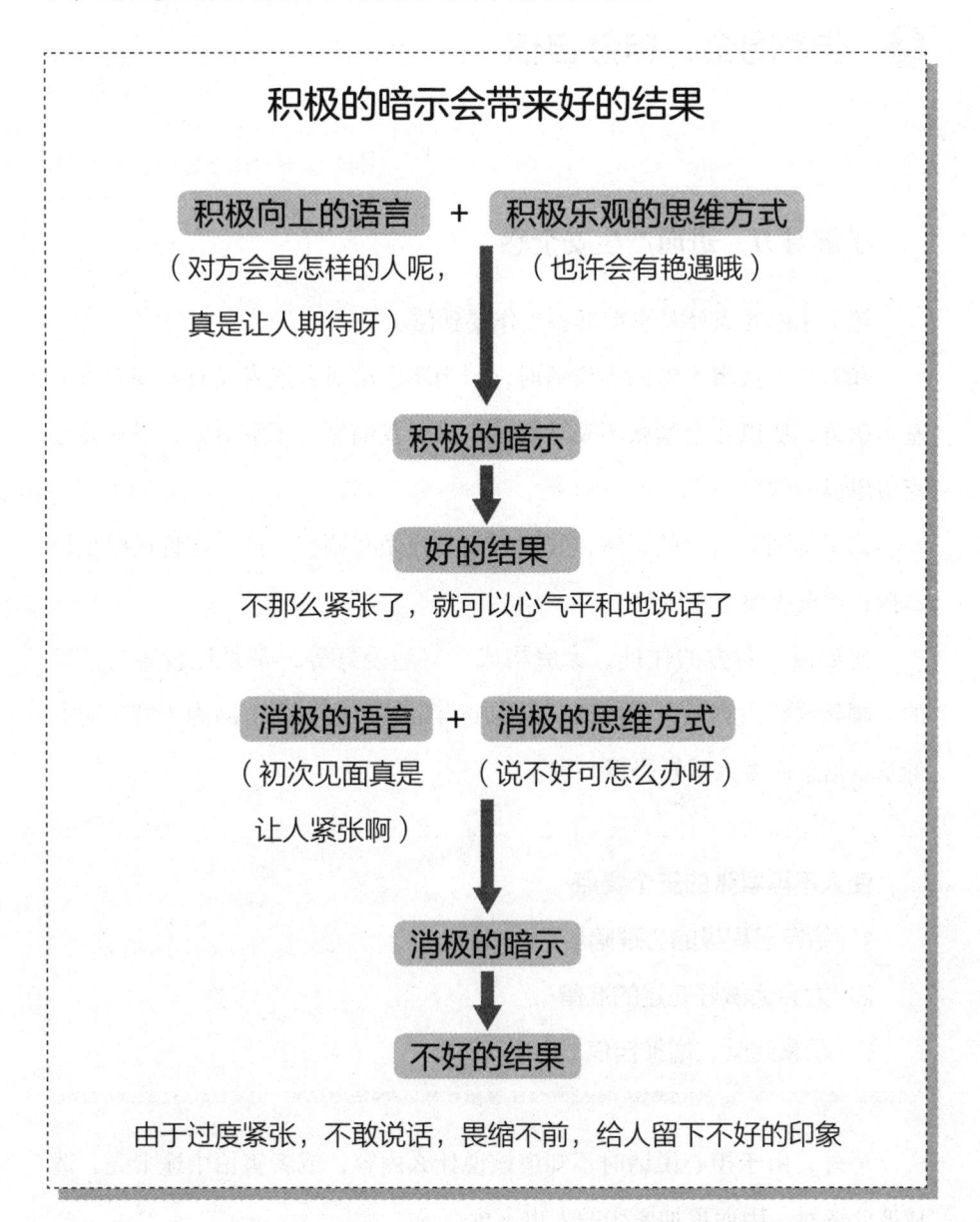

积极的暗示会带来好的结果

积极向上的语言 ＋ 积极乐观的思维方式
（对方会是怎样的人呢，　　（也许会有艳遇哦）
真是让人期待呀）

↓

积极的暗示

↓

好的结果

不那么紧张了，就可以心气平和地说话了

消极的语言 ＋ 消极的思维方式
（初次见面真是　　（说不好可怎么办呀）
让人紧张啊）

↓

消极的暗示

↓

不好的结果

由于过度紧张，不敢说话，畏缩不前，给人留下不好的印象

❻ 准备周全，自然自信

了解对方，进而产生安全感

接下来的要点就是事前准备工作要到位。

和陌生人或者不熟的人说话时，因为不了解对方或者没有掌握对方的基本信息，所以才会紧张不安。因此，只要我们努力了解对方，就有希望克服恐惧心理。

为了加强对对方的了解，我们可以事前做些调查，或者在说话时加以试探，逐渐收集有用的信息。

比如说，对方的住址、家庭构成、兴趣爱好等，都是比较容易了解的。聊聊这些内容就可以使谈话氛围变得融洽，而自己也因为了解了对方的基本信息而大大减轻恐惧心理。

使人不再紧张的三个要点

1. 给自己积极的心理暗示
2. 为会话做好充足的准备
3. 积累经验、增加自信

另外，由于担心说话时不知道该说什么内容，或者害怕中途卡壳，造成彼此尴尬，因而更加紧张的人也不少。

这里，我们只需要准备一下谈话内容就好了。准备好谈话主题，并加以排序。此时，需要注意站在对方的立场上认真准备。

不断积累成功经验

还有就是积累经验，增加自信。

人都有逃避恐惧心理，这是人的本能。所以，一旦形成恐惧心理，在遇到类似的情况时就会下意识地想要逃避。但是这样的话，永远也无法取得进步。

为了摆脱这种困境，我们只能迎接挑战，积累经验，做好准备。

回想一下我们学骑自行车的过程吧。一开始的时候，虽然我们会害怕摔倒，但还是要不断挑战，在多次摔倒以后才可能慢慢地学会骑自行车。这样才能变得更加自信。

无论多么小的成功，我们都可以从中体会到满足感。通过不断积累这样的经验，我们才能克服恐惧心理，逐渐自信起来。

当然，这并不是说毫无章法地挑战就是好事，我们需要采取正确的方法积累经验。至于具体什么方法，我们接下去会讲。

下一章我们将要探讨一下具体该如何准备。

第二章 CHAPTER 2

如何给人留下好印象

1 给人留下好印象的三项准备工作
2 留下好印象的基本说话方法
3 留下好印象的基本发声练习
4 留下好印象的外表要求
5 提前模拟，准备周全

❶ 给人留下好印象的三项准备工作

事前调查清楚对方的基本情况

你在与不熟悉的人见面之前，会做好准备工作吗？

大多数人基本上都不会准备，就那样盲目地迎来了见面的日子。这样的话，只会增加紧张感，没有什么好结果值得期待。

如果预约的是下一周见面，还有几天的准备时间，这样的话就需要我们为之好好准备。

无论是在工作还是在生活中，面对初次见面的人，都要尽早做好相互了解的工作，才会使对话更加有意义。

那么，为了和对方融洽交流，具体应该准备什么呢？首先要关心对方，尽可能多地收集关于对方的有效信息。

对方如果是社会地位比较高的人，就可以采取人名检索的方式，通过网络收集到比较详尽的信息，比如：经历、出生地、家族成员、职业生涯等。

对这些信息进行分析之后，对初次见面的人也会有个大致印象了。

如果无法进行人名检索的话，就从对方的就业单位入手。现在，大多数的企业都有自己的网站，查看该公司的主页就可以大致掌握其业务种类、客户对象、公司规模、管理层人数等信息。

如果在网上的查询一无所获的话，也不要轻易放弃，可以从其他方面继续努力调查。比如，有没有人知道对方的公司，你了解的公司里有没有与对方所在公司有贸易往来的，关于对方的出生地等信息有没有什么别的线索可循等。

经过这样的努力调查，即使是面对初次见面的人，你也不会全然无知。至少在未知的黑暗世界里，你已经摸索到了对方的影子。而对此，对方也一定会有所觉察，进而对你感到亲切，也就会更加热情地回应你。

准备自我介绍

下面要准备的是如何让对方了解自己。

事前需要准备好有关自己的一些话题。

"我与您现在从事的工作有这样的关联……"

"自从入职以来，我一直从事营业工作，至今整整十八年了。其中十年都是和政府方面相关的营业工作，所以，到现在这方面的人脉还很广。"

"我的家人都很喜欢音乐。在家里，我弹钢琴、妻子弹吉他、女儿拉小提琴，就像是在开演奏会一样。"

您也可以这样自我介绍，让对方很自然地了解您的情况，这是需要下一番功夫的。

要点就是需要仔细思考彼此的关系，提到一些对方最关心的信息。一会儿谈谈工作、一会儿说说生活，可以不断转换话题。切忌自吹自擂，或者说惹人厌的话，要有选择性地提供相关信息，并做好应答准备。

让对方了解自己，缩短彼此的距离，是良好人际关系的开始。

准备一些可供选择的话题

另一方面，我们有时需要面对突如其来的访客，在没有准备的情况下与陌生人进行对话。

这种情况，当然没有办法提前调查对方。

因此，有的人面对这种状况就会手足无措，不知道说什么好，弄得彼此都很尴尬。还提什么构建良好人际关系呀，恨不得赶快逃开，找个地方透气呐。

这样一来，好不容易得到的机会就化为泡影了。

不过，即使是这种情况，其实也是可以事先准备的。

"马上又要到樱花盛开的季节了！樱花的花期虽然只有一周，可是为了这短暂地绽放，它们足足准备了一年，在人们看不到的地方默默地汲取着大地的精华。看着那样盛开的樱花真是觉得受益匪浅啊！"

如此开头，您觉得怎么样，还可以引出下文哦。春夏秋冬，随着时节的变换，找出相应的题材做准备。这样，即使是与初次见面的人对话，也可以派上用场。

❷ 留下好印象的基本说话方法

留下美好第一印象的说话方法

在与初次见面的人对话时,留下良好的第一印象是非常重要的。

而且,即使是在平时说话的时候,也要尽量给周围的亲戚朋友、同学同事留下好印象。

给人留下好印象,说起来容易做起来难。尤其一想到对方会如何理解自己的话时,就不免紧张,过于集中精力反而说不好话了。

下面,我们就一起来看一下让人留有好感的说话技巧。

正确使用敬语

第一个关键点是要正确地使用敬语,如果能够熟练使用敬语的话,对方自然会对你抱有好感。

然而,国内很多刚刚走出校门、步入社会的年轻人最头痛的莫过于敬语的使用方法。因为他们大都没办法在长辈或者上司面前正确使用敬语。

正确使用敬语

① 尊敬语

→ 提高对方，表示敬意

　　欢迎光临

　　您的行李

　　请您不吝赐教

　　令堂

② 谦让语

→ 降低自己，以表示对对方的敬意

　　拙著

　　鄙人

　　犬子

　　愿效犬马之劳

③ 职场语

→ 遣词造句尤为正式、恭敬，以表示对对方的敬意。

　　各位不远万里前来参加本人的个人书展，真是感激不尽。

　　我们公司一定会竭尽所能为顾客提供最优质的产品、最完善的服务。

　　下面，让我们以热烈的掌声欢迎青海集团的苏总为开幕式致辞。

有时，把对对方使用的敬语和对自己使用的谦语弄反了，这样的话就会让人觉得很没有常识。例如："部长，差不多到你献丑了。"正确的说法应该是"差不多该请您上场了"。

过度地使用敬语，反而让对方觉得自己受到了羞辱，或者显得说话人是在谄媚。例如:"社长,您这胡子留得真是太帅气了,世间罕有啊!"大可以说"社长,您的胡子看起来很帅气"就足以表达赞美的意思了。

其中,误用敬语的情况比较多。说话人本是好意,想用敬语,结果适得其反。敬语随着时代的变迁而改变,我们也需要跟上时代的步伐,不断学习。

说话要简洁

第二个关键点是说话要简洁。说话简洁明了、温文尔雅,自然会使对方抱有好感。

究其原因不仅在于对方能够充分理解说话者的意思,更是在于能够感受到说话者对自己的关怀体谅。所以说让对方心有好感的说话方法就是简洁明了、温文尔雅,也不足为过。

为了让对方容易理解,首先要做到说话简洁。

"我跟你说,我有一个高中同学。和我一年的,今年也是42岁。上周我们还见面了呐。当时看他还生龙活虎的。可是昨天晚上,他家爱人给我打电话,说他早上起来就开始头疼,然后就卧床不起了。叫来急救车,结果,一检查,你猜怎么着?他竟然是脑溢血……"

有的人就会这样,絮絮叨叨地说话。

听的人一时半会不明白他想要说什么,等结论等得都心烦了。

"我的一个高中同学昨天得了脑溢血卧床不起了。上周见面时还好好的,真是天有不测风云啊!"

这样简单明了地说话,听者也能很快掌握中心意思,进而参与话题,表示关心。

整理好要点再开口

第三个关键点就是要整理好要点再说。

即使有很多话要说,也不能像下面的人那样说起来没完没了,把对方都给说糊涂了。

"现在霸凌现象到处都是,已经成了一个社会问题。霸凌现象当然主要问题出在欺负别人的人身上,但是我想被欺负的一方也有责任。从教育层面来看,学校正是滋生霸凌现象的温床,当然,家庭教育也有一方面原因……"

为了能够让对方充分理解自己的话,整理要点是非常必要的。

"就霸凌现象,我觉得主要有三个方面值得注意:第一,加害者的问题。第二,被害者的问题。第三,有关学校的指导方针。首先,我们来看第一方面……"

这样一面整理、一面叙述的话,对方就容易理解了。

尽量使用短句

下面,我们将视线移向句子本身。句子短的话就容易理解。

"我本来想当程序设计员的,可是却被分配到了营业部门,在那里和客户接触的机会很多,可是不擅交际的我开始时非常困惑,想要调职,可是公司方面对我的申请不予理睬,我在和人事部长商量的时候……"

这种说话方法太过烦琐。而且,每句话都很长,听着听着就变到另一个意思上去了,理解起来更费力了。

"我本来想当程序设计员,可是不善交际的我却被分配到了营业部门。我想调职。"

把每一句话都清楚地用句号断开，适当停顿后再继续说。

少用装饰性语言，丰富词汇量

装饰语用多了，也会使句子显得冗长。

"在这樱花烂漫的美好日子里，我们一同举行豪华绚烂的华丽盛典，令尊令堂、各位亲朋，大家欢聚一堂，真是令人无比欢欣雀跃之事啊！"

这样的话会让人觉得搞不清楚说话人到底要表达什么。

"在这樱花盛开的美好日子举行婚礼，令尊令堂也一定非常高兴吧。"

这样说话就非常好懂，也感觉很亲切。

真正会说话的人可以使用很简练的语言把意思表达得很到位。只有不擅长说话的人才会把很简单的事情说得很复杂。

不过，拥有丰富的词汇量也是非常重要的。因为表现手法多样会使听者觉得更有趣味。增加词汇量的方法之一就是大量阅读书籍。所以，让我们勤读书，学习更多的词汇及表现手法吧。

容易理解的语言里饱含着温情

为了说话简洁明了、温文尔雅，需要选择容易理解的词汇，然而，选择的过程绝非易事。

谁都希望被别人认同、称赞。所以，面对初次见面的人，我们很容易使用一些平时都不用的比较难的词汇。

"我们公司向来是顾客至上主义，随着业务范围的不断扩展，从各个方面满足顾客的需求。"

就语言本身而言，非常恭敬，没有任何失礼之处。可是，总觉得缺少些亲切感。

"我们公司一直都在为顾客悉心考虑，随着工作内容的不断推进，也为顾客带来更多的便利。"

这样说的话，既简洁明了，又给人很舒服的感觉。

> **给人留下好印象的要点**
> ○正确使用敬语
> ○说话要简洁
> ○整理好要点再开口
> ○尽量使用短句
> ○少用装饰性语言，丰富词汇量
> ○容易理解的语言里饱含着温情
> →用简洁的语言表达更多的内涵！

❸ 留下好印象的基本发声练习

即使是好话，如果对方无法正确理解也无济于事

所谓的对话就是用语言表达自己的想法，并将其正确传达给对方的过程。

无论是多么好的话，如果对方无法正确理解的话，也算不上是真正意义上的对话。所以，若想有效对话，首先要掌握正确的发声发音方法。

特别是初次见面的人往往会通过你的声音来判断你的性格、对工作的自信程度、成熟度等，这就决定了你给人留下第一印象的好坏。

在介绍正确的发声发音方法之前，我们先来看一下难以被人接受的五种发音：①声音很小；②语速太快；③说话结尾不清晰；④音调奇怪；⑤音质差。

大部分人多多少少都会有其中一两个毛病。下面，我们就来通过训练改善这些问题。

正确的呼吸方法孕育好的发音

对于正确发声发音，最基本的要求是要大声清楚地说话。

我们在和朋友聊天时，无论男女都会放声爽朗地说笑。可是，一旦到了正式场合，大家就倾向于小声说话，这样发音就变得难以确认。之所以如此是因为不够自信，可越是说话声小，对方就越难以理解。

为了能够给对方留下好印象，平时就要注重发声发音的练习。同时还要掌握正确的呼吸方法。呼吸也分肩呼吸和胸呼吸等，我们需要掌握的是程度够深、时间够长、非常有力的腹式呼吸法。

腹部发声练习

虽说要大声说话，但是只是从喉咙发音的话，只会令听者觉得聒噪，越听越不耐烦。而能够令听者抱有好感的张弛有度的声音其实来源于腹部。所以，学习腹式呼吸法是十分必要的。在下一个阶段，我们可以借助腹式呼吸法，在吐气时发声。

把嘴张大，用普通的音高和音强从腹部发声"啊"，持续发音20～30秒直到感觉到了极限。同样的，反复练习其他基本音节。通过这样的发声练习，相信你的声音一定会有所改变，变得更有穿透力，也更清爽。

绕口令的练习

现在我们来练习说绕口令，锻炼舌头的灵活性。

还是应用腹式呼吸法，在吐气时发声。

"八百标兵奔北坡，北坡炮兵并排跑，炮兵怕把标兵碰，标兵怕碰炮兵炮。"

说的时候一定要张大嘴巴，就好像在让下巴做体操。如果不张大嘴巴的话是没有意义的，所以一定要注意。

下面，来让嘴唇做体操吧。

"武具、马具、武具、马具、三武具、马具、加上武具、马具、六武具、马具。"

刚开始说的时候，很绕口吧，一定要把精力都集中到嘴唇上，一个词一个词清楚地说出来，这样练习才有效果。

最后，让舌头做体操。

"之所以在那面的竹墙边架起了竹栅栏，是因为想要竹栅栏所以才架起了竹栅栏。"

说这个绕口令时，也是要集中精力在舌头的动作上，清楚地发音。

无论是哪个绕口令，刚开始时都很难说得很快，所以可以慢慢来，准确地发好每一个音。习惯后就可以适当提速，一口气说上三遍也没问题。

持续这种发音练习的话，你就会说得很流利，声音也会变得清爽，容易让人听得懂了。

美好的声音留下美好的印象

①留下好印象的基础发声练习

我们可以借助腹式呼吸法,在吐气时从腹部发声"啊",持续发音20~30秒直到感觉到了极限。

②绕口令的练习

还是应用腹式呼吸法,在吐气时发声

A. "八百标兵奔北坡,北坡炮兵并排跑,炮兵怕把标兵碰,标兵怕碰炮兵炮。"

→ **要集中精力在下巴的动作上**

B. "武具、马具、武具、马具、三武具、马具、加上武具、马具、六武具、马具。"

→ **要集中精力在嘴唇的动作上**

C. "之所以在那面的竹墙边架起了竹栅栏,是因为想要竹栅栏所以才架起了竹栅栏。"

→ **要集中精力在舌头的动作上**

❹ 留下好印象的外表要求

外表对第一印象的影响

之前一直在说与初次见面的人说话时，说话方法、发音很重要，那是因为它们决定了你给人的第一印象。然而，还有比它们更大程度地影响第一印象的因素存在，想想你自己是如何判断别人的，就知道了。

第一次见面，一眼就能看出很多信息。你所见到的各方面情况成为你判断对方形象的重要依据，也会影响之后的对话。

也就是说，对方也是一样首先依据外表给你打了个分数。

而且，这一步先于对话发生。

即使对方是非常优秀的人，如果头发像鸟巢一样乱蓬蓬的，胡子拉碴的，穿着一条皱巴巴的大裤衩，衣服上还残留着酱油的痕迹，再加上一张你欠他12万元钱似的大黑脸，你说你会怎么想他？

你会不会想：如果一不小心和这样的人共事，恐怕自己会衰神上身吧。

虽然和对话本身没什么关系，但还是要注意对方眼中自己的一言一行，要点具体如下：

好印象的秘诀是笑容常在

人们都会本能地喜欢明快美丽的东西。总是笑容可掬的人就会备受大家的青睐。医学上给出的说法是，看到满脸笑容的人，会使人体内的血液循环更加畅通，体温上升。

相对的，也有很多人总是眉头紧锁，脸色阴沉。见到这样的人就会胃液分泌不畅，容易产生负面情绪。这个研究结果是不是很有趣？

我们每天都在无意识中反复着微笑、愤怒、哭泣、欢喜。愉快、兴奋的时候，心情畅快，自然就会面带笑容。

所以，我们首先要注意时刻保持心情愉快。即使在有烦心事的时候也要有意识地微笑。这样坚持的话，会反过来使你的心境开阔、身心愉悦。

照着镜子欣赏自己的微笑，看看怎么笑最漂亮。欧美人通常都比较开朗，喜欢微笑。上下电梯或是楼道里擦肩而过时，对方肯定会主动送上一个甜蜜微笑，你不觉得这样很好吗？

所以，让微笑常驻脸上吧，相信你在别人眼里的印象会越来越好的。

穿着整洁

穿着也是外表的一大细节。最近，在办公室也经常会看到一些人只穿着休闲鞋大裤衩。职员着装全凭个人喜好，不加管束的公司也是越来越多。随着时代的变迁，人们的生活方式也发生了翻天覆地的变化。

可是，我相信无论怎样，都不会有客户喜欢穿着大裤衩办公的工作人员，无论何时也不会流行纽扣错位或是脏兮兮的衣服。

不管时代如何变化，着装还是要以整洁为本。虽然穿着属于个人行为，但是切不可给周围人带来不适。

特别是在工作场合，什么时候与什么样的人会面都有可能，而且对方的价值观也是各种各样，所以穿正装是最保险的。至少要注意保持服装的整洁，个人生活中也是一样。

举手投足表现性格

你的每一个细微动作都会给对方留下印象，所以请时刻注意。

如果是一个无礼的人，那么在走路的姿态、吃饭的动作、打电话的方法中都会有所体现。

留下好印象的基本外观要求

○笑容常在　　○穿着整洁　　○举手投足

以与人初次见面时的鞠躬礼为例。正确的行礼方法是面带沉稳的表情，看着对方眼睛，之后再行礼。双手置于身体两侧，慢慢弯腰，停顿三秒再慢慢起身。一般的行礼角度为30°，最大的敬礼为45°。

行礼时，如果弯腰角度不到位，或者太快起身的话，就会被视为不够谦虚。

所以，行礼是结成良好人际关系的第一步。

让我们怀着尊重对方的心，恭敬地行礼吧。

正确的行礼方法

① 面带沉稳的表情，看着对方眼睛

② 双手置于身体两侧，慢慢弯腰

③ 停顿三秒再慢慢起身

⑤ 提前模拟，准备周全

缓和恐惧心理，给人沉着印象

进入大型企业董事长的办公室时，会看到宽敞明亮的房间里铺着一层厚厚的毛绒地毯，在各种奢侈品的装点下更是显尽豪华，正对面一张宽大的办公桌上插着公司的旗帜，而端坐其后的正是该公司的决策者。

突然间置身其中，你恐怕会透不过气，手脚发颤吧。是不是会想要立即逃掉，即使留下来也是浑浑噩噩的状态。这样的话，就别提什么有效交流了。

有很多人在和领导讲话、和异性接触、在正式场合说话时，总会心跳加速，过于紧张。

之所以会出现这种情况，最主要的原因是缺少事前准备。为了消除这种恐惧心理，事前进行模拟练习是非常有效的。

这样一来就会缓和恐惧心理，增强安全感。

想象一下说话的对象

模拟练习的第一步，想象一下你会和什么样的人就怎样的内容进行交谈。

比如：面对对本公司产品不满前来投诉的顾客时，

"这次由于我们公司产品的问题给您添了很多麻烦，真是太对不起了。

为了今后在开发产品时作为参考，您能再详尽地说明一下具体问题吗？"

面对客户公司的部长时，

"承蒙贵公司一直的关照，十分感谢。多亏了您，我们才有机会和贵公司合作得如此愉快，我作为公司代表……"

聚会时，面对坐在一旁的美女，

"今天的活动真是够气派的呀！真没想到会来这么多人。您今天是从哪里过来的呀？"

像上面这样，具体地假设出说话对象进行练习。并且说话时要态度认真，不时地伴随着眼神交流、点头等动作，表情要丰富，最重要的是一定要进行出声练习。

想象说话的场合

下一步就是要想象说话的场合。

第一次参加的场合，以及正式、庄重的场合都容易使人紧张。

如果能够事先到那个地方去真正感受一下的话那就最好不过了，但如果行不通，想象一下也是可以的，这同样会起到缓解恐慌的效果。

比如：打算向女友提亲时，到人家家里向对方的父母亲打招呼是必须的。这样的话，我们可以先像下面那样想象一番。

首先，想象她家。座位上即使准备好了坐垫，也不要一下子坐上去。在玄关附近耐心等待未来岳父的到来。等到对方说请坐时再坐过去。在一番寒暄之后，稍稍停顿几秒，深呼吸，再争取对方父母的同意。

如此想象一番之后，在真正面对提亲场面时就会像是经历过一遍似地，更容易保持一颗平常心。

通过对话节目，增加自己的应对能力

即使营造了良好氛围、和对方融洽交谈之后，还是会有人因为一时松懈而最后搞砸的。比如，由于遣词造句、会话的节奏和主题等原因突然卡壳，越发慌张甚至终止对话的，大有人在。

这也是因为经验不足，没有快速应变能力。

为了应对这种情况，可以多看电视里的对话节目。不过，不能只是看个乐呵，还要真正地参与其中。

主持人提问的时候，想象着这是抛给自己的问题，要认真思考如何回答；或者参与提问。经常这样模拟练习，一定可以积累会话经验了。真正对话时的紧张感、挫败感也就自然而然地减少了。

进行这种模拟练习时，最重要的是想象成功的经历。如同自我暗示一般，反复想象自己成功时的形象。这样的话，它就会进入你的潜意识，无形中为你增加自信。

第三章 CHAPTER 3

主动与人搭讪其实很简单

1　明确谈话的目的与结论就无须紧张
2　打破不同立场的三个要点
3　透过眼神观察对方性格
4　透过细节动作观察对方性格
5　对自己不擅长应对的类型要先下手为强
6　话题源源不断，自然不愁——话题的收集方法
7　对待任何人都适用的万能话题
8　如何看准时机与人搭讪
9　毫无顾虑地主动搭讪反而会更加顺利

① 明确谈话的目的与结论就无须紧张

目的意识会超过紧张感

这一章,我们会具体介绍会话前的准备工作。

首先,请想象一下这样的情境。在回家途中,你看到了邻家的男主人。你会主动上前打招呼吗?大多数的人都会移开视线,装作没看见,赶快往家走。

很少有人会积极地打招呼,一边闲聊一边同行回家。

"如果主动说话的话,会被怀疑有事情需要帮忙吧?"

"打个招呼,也没什么说的,会有点尴尬。"

这样想的话就会比较紧张,想赶快逃离。即使是面对家人、故友也很难将自己的真实想法传达到位,更不要说对方是不太熟悉的人了。再加上对对方的敬畏心理和疏远情绪,打招呼就更是难事了。

想要克服这种紧张心理,重要的是要明确谈话目的和你想要的结论是什么。所以,说话前,请先想好"为了什么目的才主动说话的","想得到什么样的结论"。

"小李，早呀！还记得我吧，就住你隔壁，小王啊。不好意思，搬来之后，一直没找到时间和你好好聊聊。你每天都这个时间回家吗？"

只要明确交谈目的是搞好邻里关系、想和邻居多多交流，就可以像这样非常顺利地打招呼了。也许你都会觉得奇怪，自己什么时候变得这么能说了。

任何对话都有它的目的性

你们知道闲聊和对话的区别吗？

和朋友互相调侃、闲聊时没有任何的目的性，可以想到哪里说到哪里，非常随意。而与此相对，对话必然是有目的性的。

日常会话的目的就在于拉近彼此的关系。对话的目的在于正确传达必要信息。理性而富有关爱的训斥，目的在于让你不再犯同一个错误。说服对方的目的在于让对方按照自己的想法去行动。说明的目的在于让对方理解。

就是这样，无论是工作上的会话还是日常生活中的会话都充满了目的性。一旦确定了目的，就可以决定会话的最终方向。进而面向那个理想的结论，一步步推动对话前进。

所以，在对话之前，明确自己说话的目的，朝着这个目的努力的话就不会再紧张不安了。

② 打破不同立场的三个要点

职场中存在着上下级关系、合作关系、前辈后辈关系等，在众多纷繁复杂的人际关系中，掺杂着不同的立场是不可避免的事情。可是，却有很多人，尤其是刚走出校门步入社会的年轻人，被这些不同的立场所困扰，甚至形成了对话恐惧症。

当然，不仅仅是年轻人会这样，三四十岁的人遇到立场不同的人时也会紧张，无法正常表达自己的见解。

但是，要知道，立场不同这件事本身是无法改变的既成事实。

我们需要做的是如何缓解对话时，在对方的不同立场面前产生的过度紧张情绪。下面，我就来介绍几个要点：

不卑不亢，注意用词

我们在面对上司或者是一直照顾自己的职场前辈时，总有一种敬畏感。于是，处处小心，害怕"会不会失礼""会不会让对方讨厌"什么的。

一旦出现这种敬畏心理，就会演变成"失礼的话可怎么办呀""被厌恶的话该怎么办呀"之类的，进而产生过度的紧张感和恐惧心理。

之所以会升级，就是因为不知道应该如何对待对方才合适。

这样一来，要么想说的不敢表达，要么表现得过度谦卑。

在对方面前总是强颜欢笑，时不时地鞠躬点头，从头到尾一路奉承。

谦逊虽然是对对方的尊敬，但是凡事有度，一旦过于谦卑就会适得其反。

那么，到底怎么对待对方才合适呢？

首先，要做到不卑不亢，注意用词，觉得必要的事情就要正确地加以表达。日语里面有敬语，其他国家的语言里也有尊称，是对对方表示尊敬的一种非常有魅力的语言。正确使用敬语，注意遣词造句的话，也足以体现对对方的尊重之意。

一定要诚实

人们经常说，在社会上混，最重要的就是诚实守信。

信口开河很容易，但只有上升到行动，才能够看出是否诚实。如果你对对方足够诚实的话，立场的不同就不足畏惧。那么，如何摒弃立场的不同，面对陌生人或者不太熟的人表现自己诚实的一面呢？最基本的就是遵守时间和约定。

说好了"明天十点给你电话"，就一定要按时打电话，通过认真履行约定、遵守时间来表现自己的诚实可信。

一定要谦虚

与见解不同的人交谈时，除了诚实之外，还要做到谦逊。

"越是饱满的麦穗越是压低着腰"，同样道理，越是伟大的人，越会表现得谦逊，这样才得到周围人的爱戴。与总是想着自己如何脱颖而出的人相比，谦逊的人更容易给人留下好感。

但是，千万不要把谦逊和谦卑混为一谈，重要的是不要在谦逊中迷失自我。

即使和立场不同的人对话，只要采用适当的说话方法，诚实、谦逊地行动，就没有什么可担心的。做好了这三点，足以给对方留下良好的印象。

❸ 透过眼神观察对方性格

第一印象往往很准

我们往往倾向于以第一印象判断对方的品行，而且这种方法常常行得通。

比如，初次见面就有人会迟到，我们一定觉得这样的人比较懒散吧，而这个形象在之后的交往中也经常会进一步被确认。

从一个人的言行举止中可以窥见其性格，同样我们还可以从体型等方面做出判断。

装束、颜色搭配等也是一样，我们甚至可以从对方充满个性的时尚造型和发型中发现其性格特点。

如果知道如何从这些方面来考察对方的性格，那么即使是初次见面，也可以有充足的心理准备了。

接下来，我们就依次看一下。

从体型可以得知

通过体型可以观察出以下信息：

身体健壮、脖颈粗实的男性

多为自信心过剩型。习惯大声说话、发号施令。可是自己办事却有粗心大意的倾向。

肌肉多的人

在理论派和现实派之间，更倾向于后者。与晓之以理动之以情的手法相比，更愿意用事实说话，办事果断，行动力较强。正义感强烈、眼里不揉沙子，一旦被信赖就会竭尽全力回报。

总是低头向下看的人

性格消极、声音小、容易人云亦云。这类人比较温柔，能够体会别人的痛苦，而且做事很有毅力，比较坚持。

从装束可以得知

通过对方的装束可以观察出以下信息：

穿花哨的衣服

自我展示欲较强。潜意识里希望自己显眼、受关注、能够吸引别人的眼球。这类人能够自发性地努力工作，但是容易迷失在别人的夸奖中。

穿着朴素

正义感强，对不幸的人无法置之不理的类型。刚开始接触可能会觉得很难接近，但是一旦了解，就会发现其温柔的一面。

从色彩搭配可以知道

我们从对方的色彩搭配可以看出：

喜欢黄色的人

性格开朗，不易树敌。给人的第一印象往往较好，兴趣广泛，八面玲珑。在公司中总是发挥领导作用，但也有懒散的一面。

喜好白色的人

比较认真的、没有坏心眼的直率之人。能够为了躲避别人的厌恶而与众人统一步伐。虽然性格较为谦逊，但是也容易因此而迷失自我。容易被人说服。

喜欢红色的人

充满热情，容易融入集体之中，较易兴奋的性格。是比较开朗、积极向上的人，容易被人喜欢。一旦心中的斗志被点燃，就会身先士卒。

喜欢黑色的人

有自知之明，内心丰富。擅长烘托气氛、团结周围的人。但是无法果断地拒绝他人，容易为此疲于应付。

喜欢蓝色的人

喜好安静、清宁，极度讨厌争夺和麻烦。由于性格沉稳、内敛，容易被误解为冷漠。这类人不会感情用事，比较理性。

喜欢绀色的人

无论什么时间、地点、场合，都能一丝不苟，积极向上。平时就喜欢穿绀色衣服的人，无论对方是谁都是一个态度，能够直言不讳。

说话之前先观察对方的几个方面

- 体型　　● 穿着　　● 色彩搭配
- 动作　　● 语调

→ 仔细观察对方之后，自己的安全感会直线上升

❹ 透过细节动作观察对方性格

从动作可以得知

我们还可以从对方的动作、坐立姿势了解其性格。

人们可以说些有的没的，即使违背心意也可以说得煞有介事。但不同于语言，人的行为是不能骗人的。人们试图掩藏的真意或者心理变化，都会在动作中有所表现。我们也可以从对方的动作中读取真实信息。

比如，会客室里，客人就坐在你的面前。

这时，如果对方完全坐进椅子里，上身前倾，脚趾方向朝着你，那就说明他已经对你完全敞开心扉，准备好好听你讲一讲了。

相对地，如果只是搭着椅子坐下，上身和脚趾都斜向一侧，只是脸冲着你；或者一直盯着你死劲地看，嘴唇都抿在一起，双手交叉，就说明对方很有可能对你持反对意见或者会给你带来麻烦。

如果有人不停地哆嗦腿，那人心里很可能有难以排解的麻烦。也许是工作或者生活中有不如意。

不敢看你的眼睛，一直低着头说话的人，一般都是对周围过于在意而又胆小的性格。对话节奏太快的话，那人很可能会跟不上，所以多花点时间慢慢说话。

另外，单手递名片，或者坐着接名片的人都是很欠缺礼貌的，考虑问题不够全面。面对这种人时，没有必要斤斤计较，更不要生气，我们可以找他最感兴趣的话题，吸引他的注意力，再开始对话。

从对方的举手投足可以得知

一举手一投足中都表现了人们对待生活和工作的态度。

比如，关门的时候，有人因为双手都拿着东西，抬脚就把门踹上。虽然情有可原，但是，这么一个简单的动作、一个瞬间的抉择，就把其缺少教养的一面尽显无余。

从对方的语调可以得知

说话的音调也表现了一个人的内心。

比如，在收到工作指示时，回答"听到啦——"和"好的，马上"的人，哪个更有积极性就不言而喻了吧。

就连一句简单的谢谢，也可以从语调中听出是否发自真心，是否真的带有感激的喜悦之情。

最多只是一个判断标准，不可一概而论

刚才我们一直在谈，如何从对方的无意识动作中窥探其内心世界。

虽然第一印象影响很大，很多据此产生的判断也八九不离十，但是，并不是所有人都是与第一印象完全一致的。人不可貌相的例子更是多不胜数。

"看起来冷冰冰，结果是个热心肠。"这样的评价也很常见。

先入为主、做出判断的话，很有可能会惨败而归。所以，最多把这些作为对话前了解对方性格的一个标准，不可完全照搬。

❺ 对自己不擅长应对的类型要先下手为强

主动打招呼

如果即将说话的对象是自己不擅长应对的，或者不喜欢的类型，行动起来就会有所犹豫。

但是，正所谓人上一百，形形色色，人们的年龄、经历、成长环境不尽相同，思考方法自然也会有差异，有的人和你意气相投，有的人和你八字不合，这都是正常的。

而人们往往倾向于对与自己相近的人抱有好感，对自己不擅长应对的人抱有戒心。

虽说如此，但一味地远离不喜欢的类型人群，就无法扩展自己的社交圈，相反的，只有通过那些你平时不愿意接触的人，与他们建立新的人际关系，才能达成更好的社交结果。

为了构建良好的人际关系，必须得到对方的认可才行。但是如果你首先认定自己讨厌对方的话，试问对方又如何会喜欢你呢？若想被对方接受，首先要攻克自己的内心防线，真心接受对方。

此时你要做的就是主动打招呼。

有很多人都是带着为难情绪去进行对话，声音小、目光闪烁，以这种应付了事的态度打了招呼也白搭。

本来，打招呼就是要看着对方的眼睛，欢快地大声说："早上好！"

同时伴有谦恭的微笑致意。相信如果你做得到位的话，对方是不可能讨厌你的。

除了打招呼之外，还有一个要点就是要先下手为强。打招呼可不能等对方和你说完之后再去回应，只有在对方之前先主动打招呼才有意义。

现在回想一下，能够令你主动打招呼的人都有哪些。学校的老师、长辈、照顾你生意的顾客、心爱之人，这些人对你而言都非常重要吧。

所以，如果你能够主动打招呼的话，就意味着对方对你而言意义非凡，对方会感受到一种被重视的感觉。

接收到这样的信号，对方也会对你有好感的吧。

说话时要带着学习新知识的目的

对话时可以这样想："这是增广见闻、学习新知识的大好机会。"

事实上，与自己不擅长应对的人说话也确实是一个了解未知领域的好机会。一直以来你都看不惯的、甚至从根本上加以否定的知识会重新走进你的视野。

当然，有时也需要你先融入对方的圈了，用其感兴趣的话题引发对话，比如：

"我一直都只看棒球比赛，可是最近发现足球比赛越来越有人气了。您说足球会如此火爆，原因在哪呢？"

"想必在海边钓鱼的乐趣，如果不真正去体验一下，是无法了解的吧？您觉得哪一点最吸引人呢？"

这时，应该注意不要过多言及自己的兴趣爱好，如果有共同爱好的话，可以用来做话引子，但也仅限于此。

如果你能够表现得对对方的强项非常感兴趣，想要努力学习的话，对方一定会非常开心。

当然，这不可以仅限于说说而已，要表现出一种认真学习的姿态，以及无限的求知欲。

对话不同于否定对方观点的辩论赛，特别是与初次见面的人会话时，要有明确的会话目的，即搞好人际关系。而且，互相尊重也是应有的姿态。

所以，你的基本立场不是如何击败对方，而是如何接受对方。在认同对方的同时，谦逊地提出自己的意见，这样的话，由于对方得到被认同的满足感，也会对你抱有好感。

❻ 话题源源不断，自然不愁——话题的收集方法

话题多，说起话来才会得心应手

在美国，人们经常会举行家庭聚会。比如家人的生日、值得庆祝的日子，都会招来邻居、朋友、孩子的小伙伴们来家里做客，大家一起热闹一番。

因为有很多客人彼此是第一次见面，为了活跃氛围，也为了能够让每一位来访者都尽兴而归，主人会做很多准备工作。其中，为了不要让大家因为没有话题可聊而中途冷场，主人会以家中饰品、家具等作为引子，供大家谈论。

比如，假设窗台上放着一个用来插花的花瓶。

"这个花瓶可有来历啦。六年前，我丈夫因公去瑞士出差，路过一个农家小院时看到它被主人闲放在门口。因为他是个古董爱好者，又非常喜欢这个花瓶上面的花纹，所以就对其大加赞赏，没想到主人听了非常高兴，说这花瓶闲放在那已经很久了，如果喜欢的话就送给我丈夫。于是我丈夫就把它带了回来。可是没想到，有一天一位专门搞古玩的朋友来我家做客，看到这个花瓶时竟鉴定说是中世纪的名贵陶器，是世间罕有的宝贝，把我们都惊讶坏了。"

这样，一个简单的花瓶也可以用来做话引子。所以，主人可以在家中准备很多这样有来历的物件，根据大家谈话的氛围、话题的进展状况，不时地给予提示，让大家都可以有话可说，相处愉快。

有些人之所以说话幽默、非常有人气，就在于他们平时都会有意无意地收集一些这样的话题。

所以，我们也应该平时多做准备，善于发现并收集一些话题。

如此收集话题

为了能够在对话时思如泉涌，最重要的就是手头多储存些题材。但是，这并不意味着胡乱地收集什么话题都行。

多找些好的题材，比如别人不知道的、能够让人惊讶不已的、让人愤怒到发抖的、让人感动的等，这些都会成为吸引对方的优秀话题。

"前几天，我在地铁里碰到这么一件事。当时正值下班高峰时期，老人专座上坐着一个高中女生。也不管自己穿着的是迷你裙，就把手提包往两腿间一夹，把水瓶放在一边，开始一板一眼地化起妆来。周围的人都非常吃惊地看着她。到了下一站，上来一位老年人，这时坐在老人专座上的人都假装睡觉，把脑袋往旁边一歪，不看那老人。只有那个高中女生立刻把化妆用品都收拾到包里，拿起水瓶，默默地给老人让了座位。那位老人有些惊讶地道了谢，高高兴兴地坐下了。大家都以为那个女孩是要下地铁了，所以才让的座，结果她之后却一直站到终点。当时我就想呀，人是不能只看表面的。当时在场的其他乘客也会为此心头一暖吧。"

类似这样日常生活中的一些体验或者在新闻书籍中读到的、电视中看到的事件，都可以作为话题加以应用。

能够收集到好话题的关键在于平时要时刻注意积累，开启你的人工雷达进行高度搜索。

然后还要养成随时发现、及时记录的好习惯，看到听到什么好话题就要立刻拿出本子记录详情。总想着之后再写的话，通常都会忘掉。如果是报纸或者杂志上的内容，大可以立即把相关内容撕下来，以备后用。

如果能够养成善于发现新鲜事的敏锐洞察力，并且能够将内容熟记于心的话，对话时就可以把事情说得活灵活现，生动有趣了。

同时，还要开动脑筋，驱动你的好奇心去想一想"为什么？怎么回事？"

如果能够想到"为什么其他人都假装睡觉，只有这个女生让出座位呢？"的话，就会进一步思考，"这个女孩一定也是受到爷爷奶奶的宠爱吧，其实她的内心非常温柔，真是人不可貌相啊"，这样就可以在话题中加入自己的想法了。

如此收集话题

○ 要有意识地进行素材的收集工作

○ 如果认为可以当作素材的话，就要当场做好笔记，保存起来

○ 仔细观察

○ 带着强烈的好奇心和问题意识来分析问题

○ 要有自己的判断："原来如此！"

---

❼ 对待任何人都适用的万能话题

提供一些对方关心的话题

对话时，同龄人之间的共同话题会很多，即使是初次见面的人也会很容易聊得开心。

但是，如果和长辈、上司、异性或者不熟悉的人对话，就很难找到共同话题。这样一来，就会冷场，非常尴尬，好不容易才有的交流机会也就被白白浪费掉了。

擅长聊天的人会在最短的时间内发现对方感兴趣的话题，并提供与之相匹配的内容，展开对话。

但人们往往很难临时找到这样的话题，所以，我们需要事先准备几个

自己擅长的万能话题。

创造擅长话题

日本有句话叫"在自己的地盘上摔跤",意思是在自己擅长的领域内做事才更有胜算。对话也是如此,有自己擅长的话题,才能更加安心地展开对话。

那么,对你而言,哪些话题才是最擅长的呢?

比如,你的工作内容,应该没问题吧。

与自己工作相关的话题,既可以自信满满地对话,又可以详细地加以说明。

对于自己的兴趣,你也应该了解很多知识,聊起来也会很开心吧。不管对方是上司还是异性都可以毫无顾忌地畅所欲言吧。这样的话题就属于你的擅长领域。

除了这些,还有一些无论在什么场合都可以交流的话题,那就是运动、政治、经济和社会问题。

无论是谁都可以使用的万能话题

擅长的话题:

① 有关工作的话题

② 有关兴趣爱好的话题

③ 有关体育运动的话题

④ 有关政治、经济的话题

⑤ 有关社会问题的话题

所以，在读报纸或浏览网页时，即使不感兴趣，也要把体育、政治、经济和社会问题这几栏的标题大概扫一眼。每天都关注一下这些内容的话，你就会渐渐地对它感兴趣的。

一旦有了兴趣，那也会成为你的擅长领域。

但是，在涉及体育、政治的话题时，无论怎么擅长也不要过于谈及自己喜欢的队或者支持的政治观点，这样做虽是无可厚非，但可能会引起争议，所以需要注意。

❽ 如何看准时机与人搭讪

状况不同、心态不同

日本有句俗语叫"圆饼也可以切成四角形，说法不同也会让人生气"，由此，我们应该了解：听者的心态不同，对话效果也会不同。

即使是同样的话题，如果听者的心态发生变化，有时可能会很高兴，有时也可能会怒气冲天。

与对方攀谈就仿佛是在拉弓射箭。若想一箭击中，就要掌握好靶子的大小、移动与否，看清楚之后再射箭，成功率就会高很多。

同样道理，对话时如果不能正确读懂对方的心态，就无法达到良好效果。对方所处状态改变的话，自然心理状态也会随之改变。

假设，你工作了一天，正准备下班时，发现同事还在工作。于是，便上前打招呼说："喂，还在工作呀，不好意思，我先撤了。"对方也很痛快地回答说："嗯，不好意思，不能和你一起走了。"

这样连续过了几天，还是同样的情景，你再次打招呼说："喂，还在工作呀，不好意思，我先撤了。"可是这时对方已经没有心情再对你露出笑脸了，估计还会说："真是烦人，赶快走。"

为什么会这样呢？也许，这位同事第一次是被上司给忽悠了，"这个工作非你莫属呀，我看好你，好好干"，所以才干劲十足，对你的态度也自然十分愉快。可之后，很有可能被上司训斥，"你动作也太慢了，今天要是完不成，明天就不用来了"，这种压力下谁还有时间给你好脸色啊！

所以，很多时候，事情表面看起来如出一辙，实际上千差万别。当然身处其中的你、我、他的心态也会随之改变。我们在对话之前一定要把握好现在是什么状况，对方处于怎样的心境中，再去打招呼。

时间改变，心态不同

不只是状况，时间的改变也会使人的心境发生很大的变化。

比如，前一天傍晚，去客户那里与对方的负责人打招呼时，负责人非常高兴地说道："上周日去打高尔夫，天气又好，打得又开心，真是太棒了！"

第二天早上，还是与那位负责人打招呼"今天天气真不错，打高尔夫再好不过了"，可是，这次对方的态度却来了个一百八十度大转弯，"别说那些没用的，先把上次让你做的估价单拿来看看"，那严肃劲儿与前一天真是判若两人。

这样的情况也是常有的。

一般做营业工作的人，会了解人们通常在上午10点到11点半、下午的

2点到4点半这两个时间段里，比较容易有耐心听你讲话。

至于比较理性的内容应该放到上午去谈更好一些。如果是关于新品开发的话，选择一个有雨的上午进行协商，通常会事半功倍。因为在那样的时间段里，来访的客人会比较少，决策者就会有足够的时间与你慢慢协商。这就给了你加强人际关系、与对方达成一致的绝好机会。

相对的，难以静下心来仔细听你讲话的时间段是开始工作之前、刚开始工作的时候、午休前后、下班前后。在这些时间段里，对方要么还没有完全投入到工作中，要么心早已飞出了办公室，又怎么会有心情听你讲话呢？你无功而返的概率当然就要大一些。

虽说如此，不过还要看具体的工作性质，有些工作恰恰相反，在午休时或者下班之后反而更容易被接纳。

另外，营业对象是家庭主妇的话，傍晚四点到六点的时间段是最不适合对话的。因为那时主妇们是最忙碌的，根本就不会让你有说话的机会。

在时间上，判断对方是否心有余力进行对话是非常重要的。

场所、位置不同，心态不同

不同的场合，人们的心境也会随着变化。

在办公室里时，人们坐在办公桌前自然工作意识强烈。所以，满脑子想的都是工作上的事情，无暇顾及甚至本能地拒绝私人或者娱乐的话题。

不过，一旦走出办公室，来到咖啡厅等地方时，个人意识就会占领高地，对于各种玩乐的话题也会非常积极地给予回应。

在会客室里商谈时，由于坐的位置不同，说话效果也会有所不同。背光坐着的话，说服力就会强些；反之，逆光而坐就会有种被动感。同时，如果自己暴露在强光中，就会有种被对方完全掌控的危机感。

主动攀谈时如何看准时机

○ 状况不同、心态不同

刚刚被赞扬、刚刚被批评

之后没有别的事情、之后还有重要会议要开

○ 时间改变，心态不同

早上、上午、下午、傍晚、晚上、工作日、休息日

○ 场所、位置不同，心态不同

公司内部、公司外部、顺光、逆光

→ 关键要看对方的状态是否适合说话

前提条件：商务礼仪

当然，掌握商务礼仪是个大前提。如果被认为失礼的话，就没法良好沟通了，所以一定要注意种种礼仪的细节。

即使是非常熟悉的、能够融洽交流的伙伴，到对方公司时也要注意敬语的使用，这样对方才能认真听取你的话。

⑨ 毫无顾虑地主动搭讪反而会更加顺利

重要的是不要踌躇不前

到目前为止，我们主要讲述了如何通过事先准备的方法克服对话时的紧张感和畏难情绪。

你不妨对自己之前的状态做个细致地分析，把想到的不足之处都一一改进，然后找一个不太擅长应对的类型人物主动攀谈。

要知道每次遇到棘手的人物都避而远之的话，再过三五年，你还是会觉得处理不好。然而，真正交流起来的话，你就会了解其实只有刚开始时会觉得紧张辛苦，聊上两三回就自然变得轻松了。

比如，在车站等车时遇到客户公司的经理，大可以毫不犹豫地走上前去打招呼，顺便说："晚上好！您也刚下班吗？我们好像是同一个方向，方便的话一起走可以吗？"

这里最重要的就是不要犹豫不决。看见经理就开始犹豫，"哎呀，那不是A公司的经理吗，怎么办，要不要上前打个招呼？可是，万一人家正忙着，我过去会不会讨人厌呀？再者，打个招呼倒还好，聊到一半无话可谈那多尴尬呀！"这样想来想去，最终即使上去打了招呼，态度、表情也会不自然。

如果能够像看到朋友那样，立刻高兴地上前打招呼的话，对话也会很自然。

做好了准备工作，就要敢于实践，在实践中渐渐熟悉对话技巧。

当然，在挑战的过程中还要不断摸索，什么样的话题让人高兴，怎么说显得更加自然，站在对方立场上思考又是怎么一回事，这样一个个攻破难点，就能逐渐提高会话效果了。

第四章 CHAPTER 4

使你能融洽交谈的开场白

1　相遇之初的十秒钟是最为重要的时间
2　能够瞬间融洽交谈的要点
3　以对方为中心展开会话
4　不要小看市井闲谈
5　初级篇——谈论天气是融洽谈话氛围的必杀技
6　中级篇——说几句投其所好的话
7　高级篇——若无其事地表示理解
8　说几句贴心的话
9　如何应对出乎意料的回答
10　对方毫无兴致时该如何应对

① 相遇之初的十秒钟是最为重要的时间

第一印象影响深远

初次见面的形式多种多样，最常见的莫过于介绍人站在中间介绍双方认识。

"这是之前和您提过的某公司的A。"介绍人介绍完毕，二者握手相识。

其实，介绍人的话音未落，双方已经开始了互相打量。

虽然二者在被介绍时都没什么太多的表情变化，但其实已经在瞬间对对方的人品、感觉做出了初步判断。

"啊，这个人看起来很老实呀！""这个人可能比较邋遢""这真是个傲慢的人啊！"多多少少会留下一个总体的印象。

这就是所谓的第一印象，无论对方是仅有一面之缘的人，还是相交数年对你的人生产生巨大影响的人，直到许久之后你的心底都会有第一印象的影子。

所以，可以说相遇之初的第一印象意义非凡吧。

那么，刚开始时说什么好呢？

之前已经说过，决定第一印象的重要因素有外表、声音等，另外，最初的说话方式也会给对方留下强烈的印象。

有的人会简单地说句："你好呀，我是小鲁！请多多关照！"

也有人会这样说："您好，免贵姓鲁，名艳霞，久仰您的大名，今日得见真是三生有幸啊。以后还要请您多多关照。"

至于哪种说法好些自不必言。

可以说人们在刚开始对话的十秒钟内就已经给对方打好了印象分。

"这个人感觉很和气，应该能够成为敞开心扉交谈的朋友。"

"这个人要是不加提防的话，恐怕会有危险。"

这样的感觉也是在那瞬间形成的。可以说最初的十秒钟比之后的一小时都来得重要。

所以，有必要集中精神好好想想该如何充分利用最初的十秒钟。

本章会主要针对这个问题进行论述。

❷ 能够瞬间融洽交谈的要点

称赞的话最中听

有时候我们会事先约定好何时见面，这样的话，见面当天就会有些精神上的压力。

我们常常想："会是什么样的人呢？该不会是那种表情严肃的人吧；或者是那种不会开玩笑的工作狂吧；如果话不投机、场面尴尬的话可就麻烦了……"

这样就会导致过度紧张，说话时没精神、兴致不高。

其实，对方也是如此不安。

于是，这样的两个人凑到一起，说什么都没意思，恨不得赶快离开，又何谈对话的乐趣呢？

不过，只要能在这种状况下说一句缓解氛围的话，整个场面就会一下子活跃起来。这句话不是其他，正是夸奖对方的话。

"其实，今天在看到您之前，我还十分紧张，没想到您是位如此笑容可掬、性情温和的人，真是太好了。"

如果能够说这么一句话，你觉得效果会如何？假如你被对方这么说的话，会不会觉得心里很舒服，瞬间不那么紧张了？

赞美之词可以使双方敞开心扉，起到缓解紧张氛围的作用。

被夸赞的人能够有勇气直率地袒露真心。

被人称赞就意味着自尊心得到满足，自我价值得到别人的肯定。即使是被别人赞赏今天戴的领带，也会觉得很高兴，对夸奖之人也会另眼相看。

没有人会讨厌被称赞

有的人可能会说："我最讨厌被别人称赞了。我自己的事情自己最清楚，用不着别人来夸，而且一般说好话的人都别有用心，还是注意点好。"

听到这种话时，旁人便说："是吗，我也觉得能够不被别人的称赞迷惑的人是真正了解自己的人。能和这样的人一起说话，真是最轻松的了。

只要把必要的话一说对方就能明白，真是太难得了。而且像您这样明事理的人更是非常难得。"

被人这样夸奖，先前的说话人非常高兴，连忙谦虚道："哪里哪里，也没您说的那么好……"虽然嘴上说讨厌被夸奖，但一旦有人夸奖还是会不由自主地高兴起来的。

称赞不同于圆滑世故、溜须拍马

在称赞之词中暗含着可以缓解对方警戒心理的奇妙因素，因此称赞是一种有人情味的、能够让人感到温暖的言语。可是，需要注意有些话如果并非发自真心，只是口头上说说的话，是无法传递温暖的。

称赞不同于圆滑世故、溜须拍马。

刚才，有人提及"一般说好话的人都别有用心，还是注意点好"，就是将称赞与圆滑世故、溜须拍马混为一谈，其实二者是不同的。

溜须拍马时说的话并非发自真心，只是为了让对方满足自己的愿望才故意说的，仅限于当时的场合。也就是说目的就是为了讨对方的欢心。

这只不过是利用称赞之词的效果，为达个人目的加以扭曲使用的一种小把戏罢了。

而称赞原本应该是发现对方的长处，真心赞美的语言。

有很多人在称赞别人时，只说一些抽象的模糊概念，"还是那么拼命啊""办事真快啊""真漂亮啊""穿得很帅气么"，使人即使被夸奖都摸不着头脑，不知道到底是哪里被称赞。

所以，我们在夸奖对方时要具体指出对方有什么样的长处。

"眼睛水汪汪的，真漂亮""别人得三个小时才能做完，你却只用了一个小时，这效率真是让人叹为观止啊"，这样称赞到位的话，对方会更加高兴的。

发现对方的长处，抓住适当的时机，具体指明可赞之处。说起来简单做起来难，我们可以以家人为对象勤加练习。

❸ 以对方为中心展开会话

围绕着对方进行会话＝展示对对方的关心

"我媳妇做饭可拿手啦！会做中餐、西餐、特色口味的美食，有时候想想自己真是娶了个好媳妇呀。感觉真幸福啊！"

你可以试想一下，一开始聊天就听到对方这样说话会有什么感觉。会不会觉得就是来和自己炫耀他多么幸福，进而心生厌烦？这就是所谓的以自我为中心，没有考虑对话的目的，只是说一些自己想说的话。

当然，人们最关心的莫过于和自己相关的事情。而且也有相当一部分人习惯说一些与自己相关的、自满的话题。

可是，在对方看来，这些话题和自己一点关系也没有，听了也徒增无趣，自然就烦了。所以，对话要以对方为中心。

下面要讲的是发生在一家立食荞面店里的事。

早上，正值上班高峰时期，荞面店里站满了吃面的上班族。而一旁服务员们则拿着大盘子收拾顾客留下的残余，非常忙碌。

"不好意思，请让一让，请借过一下！"不论服务员怎么大声喊，那些顾客都只顾着吃面不加理会。

其中，只有一位服务员拿着很多碗筷穿行于顾客之间，而且服务员所到之处，顾客都会自动让出路来。

这到底是怎么一回事呢？

原来，这位服务员有一个妙招。她是这样喊的："注意酱汁啊，小心弄脏衣服。"

虽然吃得起劲，但是为了不被弄脏衣服，顾客们也就不得不主动让出路来。

这位服务员的话就是以对方为中心。顾客是因为觉得和自己有关才会听她的话的。

所谓以对方为中心，就是一边关心对方，一边展开对话。"如果是你的话，你会……""你觉得怎么样""你有没有经历过类似的事情？"

以对方为中心进行会话，对方就会觉得是自己的事情，因而愿意去思考、回应。谁都对自己的事情最上心，所以气氛很容易活跃起来。

这样一来，当然对你怀有好感了。

谈话时善于用问句

"听说您最喜欢旅行了，去过很多地方，真是让人羡慕呀！最近又去哪里了呢？"

"现在，校园霸凌已经上升为了社会问题。不知道您家孩子所在的学校是否有这种情况呢？"

这样选择贴近对方生活的话题，而且多用问句把话语权转给对方，就形成了以对方为中心的说话方式。

同时，说话内容也要尽量选择能够引起对方兴趣的话题。

高效能对话

在公司招新的见面会上，三位主管人员发言如下：

小李："今后你们要努力成为对公司有用的人才。一定要废寝忘食地工作，既然拿了工资就要对得起公司。"

小王："现在经济状况不景气，各位还能顺利入职，一定要对公司心存感激，今后要用实际行动表明对公司的感激之情。"

小鲁："我想告诉大家两点必须做的事情。一是从今天开始定下一个储蓄目标。每个月都拿出10%的工资存起来，这是非常有必要的。二是要孝敬父母。每个月都给老人们写封信，让他们不要牵挂。

对于那些新入职的人来说，谁的发言最可能被铭记于心呀？当然是小鲁的话了。

因为那是以听者为中心，围绕听者自身的问题进行的对话。

综上，说话方法、内容都要设定以对方为中心，再进行对话。

❹ 不要小看市井闲谈

直接切入主题，对方也不一定会跟得上你的思路

有的营业员在客户椅子还没坐热时就开始滔滔不绝地讲起来："一直以来承蒙贵公司的关照。今天是想和您商讨一下，贵公司在车站开发施工中可否应用我公司的安全器械。我们公司……"

而有的营业员则会如此开场："您在百忙之中能够抽出时间来接待

我，真是太感谢您了。您这里的环境真是太棒了。四周被一片片新绿包围，生机盎然；空气无尘、澄清如洗。我已经很久没见过这么清新的环境了，不禁边走边深呼吸，生怕错过了这难得的机会。真羡慕您能每天都在充满自然气息的环境中工作，对了，您在这边工作多长时间了？"

称赞对方公司的工作环境优越，引起对方兴趣，进而展开对话。

不用说，您也知道哪位营业员更优秀了吧。我想后者的业绩一定不错。

不过，还是有人会想："大家都挺忙的，尽量少说与工作不相关的事，充分利用时间解决正事才对。而且，说一些不相关的事情会扰乱思路，反而有可能耽误正事，无功而返。"

确实，开门见山进入主题，能够给对方留下深刻的印象，但是这么做却不一定能够把事情办成。谈生意时，相互交流所起的作用是非同小可的。然而，试问又有几人真正懂得何谓交流呢。可以肯定的是，交流绝非单方面地把自己的意志强加在别人的身上。

毋庸置疑，交流的实质是要把自己的意思准确地传达给对方，但是如果忽略了对方的感受，不去想如何才能让对方心悦诚服地接受自己的想法的话，也就算不上是真正的交流了。

所以，用很短的时间，通过一些市井闲谈拉近彼此的关系，使谈话氛围轻松愉悦，是十分必要的。

闲谈的缓冲效果

有的人工作时总会觉得市井闲谈是在浪费时间，但是有时候正因为闲谈才能起到重要作用。可以试想一下对方的心境，如果能够立刻进入工作状态的话当然最好，但是没有谁能够保证一直状态良好。

很可能就在和你说话之前，对方还在为别的事情头痛不已，或者是工作压力源太大，心情郁闷。这种状态下，你一心进入正题，他也不一定听得进去。

所以，这时，市井闲谈就有了用武之地，能够起到进入正题之前的缓冲作用，让对方能够集中注意力积极地听取你的说话内容。

开始时可以先说些这样的话题

"哎呀，真没想到大白天的，会在银座的中心地带遇到鬼怪！"对方听了也一定非常吃惊，"怎么啦？你这是……"，想要问个究竟吧。

"其实也没什么，就是来的路上偶然遇到了一位小学同学。毕业40年了，他一次同学聚会也没参加过。而且有一次聚会时听别人说他乘游艇时遇难了，我便一直以为这个人已经没了。所以，刚看见他时吓得我魂都没了，后来一问才知道人家是差点遇难。"

听你这么一说，对方也一定是先吃惊后开怀吧。这样就可以放松心情，彼此沟通也就更容易了。

当然，选择闲谈内容时，也要考虑对方的性格、时间、场合，找到适当的话题。

还要尽量给对方说话的机会，让对方说给自己听，这是最理想的效果。然后，再见机切入主题。

❺ 初级篇——谈论天气是融洽谈话氛围的必杀技

交换名片时一定要清楚地说出自己的名字

下面，我们就来说明一下初次见面时，如何开始对话。

首先，需要掌握一些与人初次见面时的基本知识。

说话之前要先整理衣着、端正有礼、声音洪亮，给人留下一个好印象。没有必要考虑说什么才能让对方喜欢。

在前面已经就服装、表情、礼节做了详细的介绍，这里不再赘述。

如果是商务会谈，还要交换名片。

年轻、地位低的人、拜访者、被先介绍的一方应该先递上名片、告知对方自己的姓名。

"我是GMT公司的鲁艳霞，初次见面、请多多关照。"

递名片时应该双手递、双手接。如果是同时交换名片的话，右手递左手接，接过名片之后要带着敬意将其稍微举过眼睛。

千万不要用手指碰触对方的名字，这样是不礼貌的。为了表达对对方的尊敬，我们一定要保管好对方的名片。

在告知公司名之后，还要大声清楚地说出自己的姓名，一定要说全名。有不少人在自报姓名时，声音小而轻，还说得很快，这样的话对方怎么能听得清呢？

你自己可能已经说了几十年这个名字，所以不太注意，可是对方却是第一次听说你的名字。所以，为了让对方能够知晓并且记住自己的名字，请放慢语速，咬准发音。

互换名片的原则

① **基本要求是双手递、双手接名片**

千万不要用手指触碰对方的名字，这样是不礼貌的。

② **如果是同时交换名片的话，右手递左手接**

接过名片之后要带着敬意将其稍微举过眼睛。

③ **在告知公司名之后，还要大声清楚地说出自己的姓名，一定要说全名**

还有的人会简单说一句"这就是我，初次见面请多多关照"，一边递上名片。这样的话对方在看到名片之前对你一无所知。

而事实上，能够认真看你名片的人却寥寥无几，所以分别后总会想"刚才那个人叫什么来着？"

从眼睛和耳朵同时获得信息的话，记忆更深刻。所以，为了让对方对自己有个深刻的印象，在清楚地说出公司名和姓名的同时，递上名片，效果最佳。

尽量问一下需要具体回答的问题

那么，交换名片之后，该如何继续对话呢？

"越来越春意盎然啦，日子也越过越舒服了。"

"刚才外面雨下得很大，没淋到雨吧？"

首先，谈谈有关天气的话题，缓和一下气氛。

虽然会话内容本身没有什么目的性，但是却可以透过这样的话题使彼此心意相通。

所以，这种对话中不需要"春天和冬天，您更喜欢哪一个？""您觉得这场春雨怎么样？"之类的设问让对方去思考，而是要选择彼此谈得来的内容来交换意见，这样才有意义。

如果要问的话，也要选择一些需要具体回答的问题，比如："您是从哪里来的呀？"

对方给予具体的回答，才能进一步引发新的话题。

❻ 中级篇——说几句投其所好的话

从名片的信息中读取话题

在掌握了基本交际手法之后，让我们更上一层楼，看看更高一级的说话技巧。

关键点就是要投其所好，满足对方的欲望。

人们各自都有数不清的欲望。无论是谁，都会在下意识里为了满足自己的种种欲望而行动。自然，也就会对满足自己欲望的人抱有好感。

有很多人在接过别人名片时，会习惯性地直接放进名片夹里，看也不看一眼。这样的人只会停留在待人接物的初级阶段，止步不前。

正确的做法是，接过名片后，仔细看一下对方的公司名称、职位、名字、地址，并从中找到理想的话题。说话时要尽量满足对方的心理需求，投其所好。

反复说出对方的姓名，使其心情愉悦

"大内和年先生，对吧。您在千太谷独自经营了一家理发店呀。难怪从刚才说话时就觉得大内先生的发型特别帅气。大内先生做这行很久了吗？"

尽快记住对方的姓名，然后在对话中自然而然地反复提及。至于为什么要这么做，你不妨想一想如果自己的经历。你每天都会说很多的话，用到很多词汇，而在众多词语中，对你而言最重要的，或者说百听不厌的那个词是什么呢？

难道不是您的大名吗？

美国著名的语言学家曾经发表过这样的结论："世界上听起来最顺耳的音符就是你自己的名字带来的振动。"所以，在对话中巧妙地运用对方的名字，就会使对方觉得心情愉悦。

善于夸奖，满足对方的自尊心

"内田先生可是咱们业界的名人，您的业绩更是无人不知无人不晓。能和您这样的风云人物这么近距离接触，真是荣幸之至呀！"

这样的赞美之词无疑能够满足对方的自尊心。自己的价值得到认可的话，当然谁都会高兴的。

只是，之前也和大家说过，如果心里根本没那么想却随便夸赞的话，就变成了单纯的溜须拍马。所以，关键是一定要认真观察对方的长处，用心称赞。

问一些对方想要你知道的内容

"山田先生身体这么健壮,平常是不是在做什么格斗之类的运动呀?"

"栗山小姐嗓音如此甜美,是在学习播音主持之类的吗?"

使对方高兴的最初几句话

○反复说出对方的姓名,使其心情愉悦

"您就是中村先生吧,久仰大名。中村先生……中村先生……"

○善于夸奖,满足对方的自尊心

"铃木先生在我们业界可是凤毛麟角的人才呀!"

○问一问对方想要你知道的内容

"您的这条领带可真是太帅气了,不介意的话能告诉是什么牌子的吗?"

对对方表示关心,利用问题引出对方想要说的话题

自己最得意的、想要表达的内容,恰巧被提及,当然会很高兴地说起来了。

下面,我们设定实际场景来进行练习吧。

与同行初次见面

"贵公司一直是我们业界的领头羊,更是我们各公司的学习典范。至于石桥先生,您的大名更是如雷贯耳呀!早就听说您的营业手段所向披靡、无往不胜。"

到儿子女朋友家，与其父母见面

"您好，初次见面请多多关照，我是太郎的父亲。您女儿既活泼可爱，做事又礼节周到。看到女儿这么乖巧，可想而知父母也一定很好相处。"

朋友介绍自己的女友给你认识

"真是位美女啊！难怪最近找他也总是不见人影，原来如此啊。"

参加同好会

"我初来乍到，还什么都不懂。听说，川村先生是这方面的能手，以后还要向您多多请教。"

这样抓住对方本能的虚荣心理，根据不同的场合展开对话，彼此内心就会减少芥蒂，谈话氛围也自然会缓和。

就这样的一句话，可能会对你今后的人际关系产生很大的影响。

❼ 高级篇——若无其事地表示理解

从名片信息中读取话题

在高级篇里，我们再次挑战如何从一张小小的名片中找出话题。

无论对方是谁，无论男女，最关心的依旧是自己的名字。所以，初次见面时，交换名片之后，围绕对方的名字展开话题绝对是个不错的选择。

"您的名字是读工藤吧。不好意思，问一下，您是秋田人吗？也没什么，只不过我认识两个叫工藤的人，他们都是秋田出生的，所以就想您会不会也是。"

"您的名字叫做宝来，对吧。真是很特别的名字呀！您是哪里人士呀？哦，是福冈人啊。福冈那儿叫宝来的人多吗？和宝来先生一起聊天，觉得自己都会交好运，真是让人难以忘记的名字啊！"

这样，看到对方名字的瞬间，便可以找出适合的话题。

如果能够围绕着对方的名字展开话题，对方一定会很高兴的。

此外，如果是工作上的关系，围绕对方公司的历史、发展历程、发祥地等信息展开对话，即使是初次见面的人也会很愉快地和你交谈吧。

不可以炫耀自己调查得多清楚

我在前文中曾经提及：初次见面时，如果能够做好事先调查，了解对方是怎样的人，说话时就不会十分困窘了。要见面的人对自己而言越是重要，了解得越要详尽。

如果能够将这些事先准备好的信息灵活地运用到会话之中，对方就会意识到你对他很关心，心情自然会不错。

"直到去年，中岛先生一直在关西的分店工作，是吧？听说在那儿的下属之间，您可是很有人气的呀。"

"看来这个季度，贵公司的营业额将会再创新高啊！果然，业界的先驱者和一般公司就是不一样啊。"

这样自然而然地将已知信息植入会话中，即使是初次见面，也可以跳过那些面上的话，使谈话内容更有深意。

另外，当你们没有太多的话题可以继续谈时，事先准备的资料也会派上用场。

只不过，千万不要因为手头上有丰富的资料就自以为是地说个不停，让人觉得你在炫耀。否则，对方会有种被调查过的感觉，对你就会心存芥蒂，不愿多说了。

所以，最关键的还是要自然而然地运用手头资料。

需要事先调查好的信息

个人情况

- 姓名、住址、出生年月日、电话号码
- 工作地点、所属部门、地位、家乡、学校、专业
- 兴趣爱好、加入的社团、有何信仰、取得何等资格、家族成员、与自己共识的熟人

企业情况

- 公司名称、地址、电话号码、所属行业、资金状况、从业人员、企业历史、董事会成员
- 营业状况（最近三年）、经营理念、合作伙伴、进货渠道、支付状况、资金链

做好笔记

⑧ 说几句贴心的话

假定多种场面加以应用

结合目前学过的多个要点，我们来一起实践吧！

西方人在电梯里，无论男女都会相互微笑。即使你在和家人说话，对方也会毫无避讳地和你打招呼。还有，即使是陌生人也会很快熟识起来，甚至一起嬉闹。

大多数西方人非常擅长与陌生人说话，性格很开朗。而且还有一点非常重要，那就是他们的表情看起来很开放，容易接近，很好说话。

而与此相对，东方人就比较保守，不太擅长这些。

为了打破这一现状，实践是非常重要的。我们平时就要假定各种场合进行实战练习。

这就是所谓的有备无患。想象一下自己不擅长的情景，练习主动说话。

在聚会上打招呼

"您经常参加这种聚会吗？我是第一次。场面真够盛大的。不好意思，问您一下，您和主办者是什么关系呢？"

主动提问，引出对方的话题。

"我是第一次参加这样的聚会，没想到规格这么高。而且您家的宅院，无论风格还是品位都和这个聚会非常搭配。"

多加赞美，满足对方的自尊心理。

"提到俱乐部的档次问题，我想起之前听说过的，这个俱乐部的背后可是有欧洲政府机关做靠山的。而且，好像过一会儿，就有意大利和法国大使携妻子驾临哦。您知道这事吗？"

这是利用一些收集到的信息来满足对方的求知欲。

主动和上司说话

"本田社长好！我是去年刚刚加入公司的营业部职员青木洋一。非常高兴有机会和您一起共事，虽然我刚刚入职，还有很多地方不够成熟，但一定会努力工作的。请您多多关照。您就叫我青木吧。"

这是在街上偶遇公司领导的场合。公司规模很大，你认识领导，领导却很难在众多职员中记住你的样子和名字。所以，精神饱满地打个招呼容易给对方留下深刻印象，让对方知道自己的存在。

主动与年长的人打招呼

"能够和前辈这么近距离接触，我真是万分荣幸啊！听说您打网球打得特别厉害，我家附近就有一个网球场，有机会的话请您一定赏脸一起玩。不过，我不太擅长，到时候还要您手下留情呀！"

还是不要忘记该有的礼节。在这个基础上，满足对方的自尊心理，尽量说一些能够引起对方兴趣的共同话题。

上门推销

"贸然拜访十分抱歉，不过在下带来了一个好办法，可以让贵公司的行政管理费缩减为现有额度的15%。您也知道，我们做生意的，利是根本。与其一味地绞尽脑汁提高收益额，不如想办法降低成本，追求纯利润。而我这个办法恰恰满足了您的这一需求。"

原则上说，搞推销要事先预约再登门拜访，而像这样上门推销的话，开头语就是胜负的关键。说什么"顺便过来拜访"之类的话乃是下下之策，只有那些业绩不佳的营业员才会这样说。

正确的说话方式要能够一开始就激发对方的利益欲望。

与异性交谈

"今天聚会的主打菜是毛蟹，不知道您吃了没？听说，那可是今天早上刚进的鲜货，厨师为了大家吃着方便，还特意去了蟹壳。我过去拿吧，您一定要尝尝哦。"

虽说对方是异性，但如果过分在意性别之分的话，反而会引起对方的警戒心理。所以，最基本的就是要做到愉快、轻松地交谈。

假定多种场面加以应用

○ 在聚会上打招呼　　　　○ 主动和上司说话

○ 主动与年长的人打招呼　○ 与自己不擅长的类型交流

○ 上门推销　　　　　　　○ 与异性交谈

---

❾ 如何应对出乎意料的回答

原以为对方肯定会赞成，结果却被否定了

大多数时候，我们在主动和对方说话后，早已预料到会有怎样的回答，可是有些时候，对方的回答却会出乎我们意料。

"如果没有我爱人的全力支持的话，也就没有今天的我了。家人的通力合作真是一种无形的力量呀！"

"你这么说可就犯了一个天大的错误。所谓的家族的爱仅仅停留在小学毕业之前，之后大家想的都是自己的利益。没听说过吗，家人、兄弟最后都会演变为外人。一旦出了事，才不会有人管你呢！所以，我说你呀，也别太把家人当回事儿，否则到时候吃亏的肯定是你自己。你还是小心点吧，被背叛的滋味可不是闹着玩儿的。"

本来，你以为对方肯定会说"家族的爱真是太难得了，我们平时一定要多多关心家人，加深彼此的感情呀！"之类的话，结果却冒出了完全相反的答案。

如果遇到这样的情况，你会如何反应呢？

切记沉着冷静

① 一时之间，感情用事，与对方剑拔弩张，大有要对决之势。
② 一味地表示歉意，直到对方冷静下来。
③ 强调自己的观点，迫使对方改变初衷。
④ 控制好自己的情绪，冷静地听取对方的意见

如果让大家四选一的话，相信大多数人都会选择第四个选项吧。

当然，第四个答案确实是正确的，谁都知道遇事一定要冷静。

可是，既然如此，为什么我们还要大费周章地提出这几个选项来呢？这是因为在我们真正遇到此类问题时，很少有人能够做到④。

一时间头脑发热，忘记了该怎样去做，做出第一种反应的人绝不在少数。

本来确实是冷静想一想就可以解决的问题，但是人一旦头脑发热就会丧失理性，难以自控。这样一来就会随着对方的感情变化而变化，丧失自我。

所以，我们需要重新强调一下，让大家把这件事深深印入脑海，在收到预料之外的回答时一定要沉着冷静。

此外，也希望大家能够明白，对话过程中不可能总是如你所愿，得到你想要的回答。这一点，需要做好心理准备。

⑩ 对方毫无兴致时该如何应对

消除对方的不信任心理

"昨天的棒球可真是太有意思啦！"

"是吗。"

"真是没想到第九轮能出现那样奇迹般的大逆转。"

"啊，是这样啊。"

有时候虽然已经开始了对话，也选择了对方本应该很感兴趣的话题，可是对方却表现得毫无兴致。这究竟是为什么呢？

我们最先想到的是对方对自己抱有不信任感。这样的话，即使自己再怎么努力引起话题，对方也不会"上钩"的。到头来，只能是"剃头挑子一头热"。

对于这种情况，我们首先要做的是搞好人际关系。

第一步，重新审视自己的一言一行，看看有没有让对方不高兴的地方，并设法弄清楚对方到底对自己哪一点抱有不信任感。发现原因之后，及时消除对方的这种负面情绪。

如果不是自己的问题，过几天再来挑战试一试

此外，还有其他原因导致对方毫无兴致，主要在于对方的心理状态。

比如，如果对方正在为家人或者自己的身体健康担忧，在为金钱问题发愁，在因别人的诽谤中伤而痛苦，抑或因为人际关系的纷繁复杂，事业上的成败、误解、各种问题、调职等而心烦意乱的话，你说的话再有趣也无法得到预期的效果。

当然，谁都有心情不好的时候，不同的时间、不同的地点，心态也会发生变化，所以，我们也不应该去谴责对方。只要知道责任不在自己就好。

这种情况下，即使你是好意，想要说一些有趣的话来让对方开心，对方表面一一应对，心里也不会好受。甚至还会想，"快别说了，放了我吧"之类的。这时就需要我们细心观察，如果对方有这样的苗头，一定要及时停止对话，否则很可能引起对方的感情大爆发，适得其反。

我们可以通过**对方的表情**（没有精神，眼睛也是暗淡无光），声音（没有活力，声音也没有任何起伏），**回答的状态**（只是应付，一副怎样都无所谓的样子），**说话的欲望**（不想主动说话）来判断其心理状态。

也就是要察言观色，这一点非常重要。

当觉得再继续说下去会使对方反感的时候，立即找个理由结束对话，以后找机会再来挑战乃是上策。

第五章 CHAPTER 5
如何使交谈顺畅进行

1　如果只顾自说自话就没办法继续交谈
2　使对方愉快吐露心声的要点
3　如何成为一个善于倾听的人
4　谈话卡壳时如何引出新话题
5　不断改变话题的策略
6　如何掌控会话交谈的主动权

① 如果只顾自说自话就没办法继续交谈

如果两人脾气相投的话，是可以放得开、随便说的，不过……

对话毕竟是为了加深彼此的感情才进行的。

所以，如果只顾着自己说话，就不是对话，而是你一个人在单纯地嚼舌了。嚼舌是没有目的的，只是一种自我娱乐的行为。

有一些女同事们在一起聊起天来可谓是热闹非凡，但实际上仔细听的话就会发现，她们大多数都在说着自己的事，在自娱自乐罢了。

"哎，哎，知道吗，前几天的黄金周我去夏威夷啦！"

"是吗？说道夏威夷，我也是今年正月刚刚去过，记得大年初一的晚上还遇到了一位帅哥，真是有很多美好的回忆呀……"

这样，一位插过话来，接着说自己的事情。

当然，被插话的那位也不会老老实实地只是听着，等到对方一有空隙就赶紧把话接过来，再继续说自己想说的。表面看来场面很热闹，大家也都很高兴，其实她们都只是在不断地抢话与被抢之间转换，自我陶醉着。

如果是很亲密的朋友的话，这样也可以度过很愉快的一段时光。但是，与除此之外的人打交道的话，这样做是万万不行的。

喜欢唱独角戏的人容易惹人讨厌

在茶馆之类的地方，有没有听到过这样的话。

"这年头很现实的，你可不能小看了工作，你说对吧？我可是每天早上四点半就起床看账本，集中注意力制定一天的工作计划。现代社会可是一个凭真本事说话的社会……"

几个人聚在一起，就听着这么一个人在那里煞有介事地高声说话。其他人一边点头，一边听着。

还有的人，在聚会或者同行集会上，挨着桌子转来转去，净说些无关紧要的话，还一副自我感觉良好的样子。

那些比较内向，或者不太善于社交的人，看到前一种人的话，也许会觉得要是自己也能像人家那样该多好，他的社交能力真强啊。

而实际上，这种人是非常容易遭人厌烦，被人轻视的。人们往往会给出这样评价："说话太随便了，真是毫无内涵、举止轻浮的人。"

说话重在质而非量

那么，什么样的人容易如此嚼舌呢？

①想要积攒人气的人

想成为最受欢迎的人，想被别人说成没有他不成，想得到周围人的肯定，这样的人就容易依靠多言来使自己显得很突出。这种人甚至会在照集体照片的事，跑到正中间最显眼的地方，自我显示欲望十分强烈。

但是，有没有人气不是自己能够决定的，而是要看周围人的意思。真正的人气王是能够首先考虑对方，站在对方的立场想问题，谦虚而又乐观的人。

②不想别人看到真实自我的人

也有人因为不想被别人看到自己真实的一面而用嚼舌的方式来做掩饰。表面看来社交能力强，其实这类人的内心往往很懦弱。

比如，被邀请参加婚礼并且需要发言的人，在等候室里看起来很健谈，说话一套一套的，其实这是因为他很紧张、害怕失误，又不想被别人看出来，所以，在那表演单口秀，故作镇定。

③喜欢嚼舌，需要别人倾听的人

这种类型的人占大多数。听到自己的话，别人很感兴趣；自己说个笑话，引得对方捧腹大笑；听到自己的爆料，对方非常吃惊。面对对方的种种反应，说话人很有成就感，觉得说话很有意思，也就渐渐地喜欢上了嚼舌。

可是，时间长了，不得不听的一方就会慢慢地心生不满。尤其，当双方是上下级的关系时，对方即使不愿意也不得不听。

对话是个双向沟通的过程，单方面不停地说话是行不通的。

想要和对方达成良好关系，前提条件就是要了解对方。自己一味地说话怎么可能了解对方呢？

要想构建良好的人际关系，关键不在说话的多少，而在于是否能够说出给对方留下深刻印象的话。

② 使对方愉快吐露心声的要点

对话就是要让说的人与听的人都心情愉快

对话可以使人心意相通。

无论是商务关系、家人还是朋友，会话越多，彼此的牵绊也就越深。

反过来，即使是夫妻之间，沟通较少的话，关系也会渐渐冷淡。

无论对方是同性还是异性，不管你们的年龄、地位有多大的差距，只要是能够加深牵绊的对话都可以唤起对方的幸福感。

为什么会产生这样的幸福感呢？因为可以说出自己的想法，有人听、有人回应。这种满足感会让你忘记时间的流逝。

相反，听者则要有足够的忍耐力和集中力。

说话者声音小、发音不好，抑或说话没有逻辑，你都要努力听取有效信息并加以理解。此外，即使是毫无兴趣的话题，考虑到对方的感受，你也要坚持听到最后。自己想说话，但是也得忍耐。可以说，倾听是份苦差事。

所以一定要把握对话内容与时间，使对话的双方都能心情愉快。

说话的量可以控制在对方七成、自己三成

我们可以了解到，通过对话使对方心情愉悦的最直接的方法就是尽可能地把说话的机会让给对方。创造机会让对方说话，自己认真倾听。

设法将说话的量控制在对方七成、自己三成左右。因为听的时候总会觉得时间过得慢，所以即使三七分，对方也不会有所察觉，甚至还可能觉得是一半一半刚刚好。

此外，若干人在一起聊天时，如果有一个人总是不说话，你就可以充当一下"领导者"，有意识地启发那个人摆脱沉默。

"小李好像很喜欢开车兜风吧，最远去过哪里呀？"

向对方提一个比较容易回答的问题，对方便可以轻松应对了。

如果能够迎合对方的说法就再好不过了

为了让对方有满足感，我们有必要迎合一下对方说的话。

不过，世间有一种被人们称为"一言居士"的人。这种人听到别人的言论后一定要发表一下自己的想法，否则总觉得不舒服。

"今天真冷啊！"

"到了冬天当然会冷啦！不冷才怪。"

"川岛先生自幼丧失双亲，多年来一直照顾着年幼的弟弟妹妹，真是堪称兄长的楷模呀！"

"又不是只有他那么辛苦的，世界上比他辛苦的人多了去了。"

这样，别人一说点儿什么，他就一定要加以反驳。好不容易想到的话题，想要开开心心地聊聊，被他这么一说，谁还能继续下去呀。

所以，一看到有这种人在场，大家就都默契地缄口不言，什么也不说了。

所以，对别人提供的话题尽量迎合是基本的礼仪。这样对方也能继续愉快地说话。

"上周去北海道旅行了，到阿寒湖的时候，刚好赶上下雨……"

"是吗？我去年也去了阿寒湖，记得当时也在下雨。不过，正值旅游旺季，还是有很多游客。而且初夏的阿寒湖真是雄伟壮美呀！"

这样的话可不算迎合，而是抢话。所谓的迎合对方的说法，是要对其关心的事情表示有兴趣。

"上周去北海道旅行了，到阿寒湖的时候，刚好赶上下雨……"

"是吗？那可太遗憾了。不过，初夏的阿寒湖应该很美吧？"

对方是想表达自己关心的事情，而你要做的就是表现出对那件事很感兴趣。

这就是迎合的技巧。这样对方才能心情愉快地继续会话。

而且，不能仅仅停留在表面上的迎合，如果没有真心的那样去想的话，对话也无法顺利展开。

使对方敞开心扉、畅所欲言的关键在于，想对方之所想，念对方之所念。

③ 如何成为一个善于倾听的人

善于倾听的人易被人喜欢

有一家调查公司以一千位业务人员为对象进行问卷调查，得出的结论是：百分之八十的人会把"是否认真倾听自己的意见"作为评定上司好坏的标准。

在日常生活中也是一样，想要赢得对方的好感、被对方喜欢，首要条件就是要"耐心听取对方的意见"。

所谓"善于交流就是善于倾听"，使周围的人喜欢你的决定性因素就是要善于倾听。

而真正的倾听并非是被动的"听到"，而是积极地"去听"。

听到：别人说话的声音自然而然地进入到你的耳朵里。

去听：集中注意力去听对方的话，认真理解对方的意思。

这就是二者的区别。在对话过程中，我们一定要用心去听对方的话，这一觉悟非常重要。

正视对方的面容倾听

听对方说话时，有必要时刻关注对方的表情。

假如你在努力地讲着话，对方却一会儿看看房顶，一会儿看看窗外的风景，一会儿又看看路人的脸，就是不看你，你会作何感想？你一定会觉得"真是个惹人讨厌的家伙"吧。自然也就没有了说话的欲望。

反过来说，对方如果一直认真地看着你，同时身体前倾，那你又会觉得如何呢？说得更加滔滔不绝吧。一定会觉得"这个人是真心想要全面了解我呀"，于是对这个人抱有好感和敬意吧。

但是，表面上装得再认真，如果不能够用心倾听的话，也是无法真正抓住对方的心的。所以，我们不是在用眼睛去听，也不是用身体去听，而是用心去听，这是最基本的。

适时地附和会成为对话的润滑剂

附和的基本方法是在对方的话中找到适合的切入点，在适当的地方、适当的时机说上一句表示同意的话。除了附和这种对话润滑剂之外，还可以适当加入些稍微夸张一点的表情，这样对话的氛围就会越发高涨了。

要把对方的话听到最后

使对方对你抱有好感的关键点是在其说完之前始终认真倾听。

因为这样可以证明你确实是在仔细听他的话。否则，如果你只是随意地听听，就很有可能会中间插嘴，或者人家还没说完你就发表意见。

"我家孩子太笨了，什么都不会真是愁人啊！再看您家……"

刚说到这，听者就接过话去，回答道："没有，我家的孩子也不怎么学习……"其实，说话人的出发点可能并非在此。

"再看您家邻居家的小孩儿都考上东北大了，真是让人羡慕呀！"

如果是这样的话，听者可就丢脸了，而且话已出口，没有挽回的余地。

如果只是自己丢脸的话还好，重要的是打断了对方的话，对方的心情当然会受影响，进而也会对你们的人际关系产生负面影响。

所以，请将对方的话听到最后。

听取言外之意

正如："只可意会，不可言传""心有灵犀一点通"等词语所说，东方人大都不会把自己的意思表达得十分露骨。

自古以来，人们就把"不明说自己的意见"作为一种谦逊的美德。所以，有很多模棱两可的词汇应运而生，比如："随便"可以理解为"可以"，也可以理解为"不可以"。

此外，还有很多情况，人们不会直接表达，而是绕着弯子间接地让你了解其心意。所以，这就需要我们努力读取对方的言外之意了。

登门拜访时说："不是什么太好的东西，还请您笑纳。"

拿给别人看自己选中的一件洋服时，问："我穿有点儿太花哨，不太合适吧？"

面对犯错的部下时说："你可真够聪明的！"

这些话表面上都没有表达出说话人的真正意思，我们必须听取其言外之意，才能真正理解对方想表达的内容。

适时地提问也是一种听取方式

最后，你还可以就对方的说话内容，向对方提问，使其思考，这样可以有效地改善说话氛围。

"如果是你的话会怎么办？"

"只有两条路可以选择，如果是你的话，会选哪一条？"

通过问题让对方思考，加深对话的深意，使话题成为双方智慧的结晶。

❹ 谈话卡壳时如何引出新话题

谈话停顿的瞬间是非常重要的时间段

有时候，我们会害怕在与不太熟悉的人对话时，问候语之后就无话可谈，抑或停顿之后无法打破沉默，进而犹豫不决。

谈话停顿下来的话，就会十分焦急，不禁会想"没有话题""停顿太长""会不会引起对方的厌烦"等，越想尽快继续会话越是觉得好像喘不过气来一般，十分痛苦。

于是，什么也说不出来，双方都非常尴尬，谈话氛围一落千丈。

但是，要知道，原本这个停顿时间并不是什么不自然的东西。对话停顿的这段时间正是双方在考虑有关对话的背景、回忆等的时间。对于对话本身而言，反而是加深余味的宝贵时间。

那么，如何能够在对话停下来的时候，不急不躁，还能继续体会对话带来的愉快呢？下面，我们就来介绍几个要点。

采用一些连接用语来继续对话

为了提高交际能力，掌握最佳说话技巧，我们需要牢记一个基本原则：以对方为中心来说话。

不过，又不能死守这个原则不放，当会话无法继续进行时，为了打破僵局，你可以把握主动权先说点儿什么。

为此，我们要事先想好一些连接用语来帮助我们渡过难关。

切记此时自己的讲话只是一个引子，不可过于冗长。

"这么说来，最近流行起来了健身风，连电视节目也有很多是关于健康的呢。我从上个月也开始了健身运动，就是跳绳。跳绳看起来简单，实际上很难的。计划的挺好，想要一口气跳一百下，结果只跳了二十几下就被绊到了。"

大多数时候都是从这样的自我体验开始引出新的话题，越谈越有意思。而且，说的是自己的体验，即使被提问也可以轻松应对，还会越说越起劲。

开头采用"对了""这么说来"等连接用语的话,就不会显得过于唐突。

不过,还是刚才强调的,我们的讲话只是引子,千万不要说起来没完。否则,对方看你一直在说自己的事,就会渐渐觉得无聊了。

围绕衣食住行,愉快交谈,话题不断

其实,不就是聊天么,很简单的事情,谁都可以不停地说上两三个小时。只是和不熟的人在一起,一时紧张才不知道说什么好的。

这里我们介绍几个能够引出话题的关键词,仅供参考。

引出话题的关键词

愉快谈话的技巧:衣食住行

衣:时尚、服装、装饰、流行、流行语

食:食物、好吃的店、健康、自然、食品安全新闻

住:住宅、居住地、故乡、出身地、学校、职场、家庭、孩子

行:旅行、愉快的事情、自行车、电动车、地铁、飞机、火车、高铁、船、运动

请看下面引出话题的关键词,如果能够牢记这些关键词的话,即使是和初次见面的人也可以轻松聊上两三个小时。

而且这些话题,对方也会经常使用。所以,即使是为了能够跟上对方的思路,也要平时多读读新闻,掌握最新信息。可以读得很浅显,哪怕只是读读新闻的标题,一旦对话中出现相关内容也不至于毫不知情。

此外,在谈论热点话题时,还要以对方的兴趣爱好为主,这一点千万

不要忘了。

不要因为对方沉默寡言，你就滔滔不绝

"今天真热啊！"

"嗯。"

有的人就是这样，不管对方说什么都尽量做出最简短的回答。对方比较内向，习惯沉默，不觉得时间过得慢，而你就想快点儿打破沉默，所以不知不觉就开始了一场个人秀。

这样一来就算不上成功的对话了。即使对方是沉默是金的类型，也不要自己一味地说话，而是要想办法引起对方的说话欲望。

为此，提问题不失为一个好方法。

当然不要提一些用"是"或者"不是"就可以回答的问题。那样的话就没什么意义了。也不要一下子问人家一些政治方向的高难度的问题，而是要问一些对方能够轻松应对的事情。

"您家乡是哪里呀？"

"杭州。"

"是吗，那可是个气候宜人的好地方呀。对了，杭州有什么特产呢？"

"啊，我们那儿的西湖醉鱼很有名的。"

这样一点点展开话题。

我们经常说，对话就像是在接球，所以给对方扔一些好接的球是很重要的。

❺ 不断改变话题的策略

当对方已经无话可说的时候，还不改变话题，就会给对方造成压力

"昨天晚上，久违地看了一场棒球的夜间赛，一边喝啤酒一边看比赛真是超爽啊！"

"真不错，听你这么一说，我才想起某某运动员好像和一位女播音员结婚了。你说这棒球运动员怎么这么受欢迎呢！"

"是呀，说起女播音员，某某最近不是也结婚了么，好像是和一个搞笑节目的主持人走到一起了。你说这搞笑节目的主持人怎么就这么厉害呢！"

"说到搞笑节目，最近又新出了一个新节目，你看了没？听说收视率可高了！"

在酒吧里会经常听到那些工作归来的男人们聚在一起，这一句那一句地聊着，这种愉快的对话对于发泄生活工作上的压力是必不可少的。

我们知道，日常对话是为了加深彼此的感情，所以即使不断变换话题，只要能够加深彼此的感情，就算是达成目的了。

然而，如果是你一个人在不断地转换话题，就会演变成你独占了整个对话过程。

对方如果觉得自己就这个话题还有话可说，却被你打断了的话，自然就会不满意。

"那个人一说起话来，就不停地改变话题，真是服了他了！"如果给别人留下这样的印象，不要说加深感情了，反到被厌烦了。

所以，我们在对话中不要过快地改变话题，一个话题聊得很开心之后，稍微留点时间好好体会一下余味，再进入下一个话题。整体把握对话的节奏，察言观色再下判断。

即使话题不断变换也不要着急

当你带着某个目的来进行对话时，可能会担心这样不断改变话题，什么时候才能得出想要的结论呀，其实你并不用太过担心这个问题。

比如说，你想要对方出任团队的下一届队长一职，对话一开始就单刀直入地说："李先生，请您务必担任我们队的新一任队长。"恐怕，对方也不会痛快地接受吧。这种情况，先要从闲聊入手，针对你们队的现状和对将来的美好展望交流意见，然后，在李先生对团队的运营满怀憧憬的时候，再切入主题。

"李先生，说到这里，我想郑重地邀请您做我们团队的下一任队长，请您务必接受我的恳求。"

这样邀请的话，对方也就顺理成章地接受了吧。

时间允许的话，我们要尽量多说一些其他的话题做铺垫。不急于拿出结论，反而会提高成功的概率。

插话与转换话题的卓越方法

你想换个话题，可是对方却认准了那个话题，说个不停。我们说不可以自己独占会话让人厌烦，可是如果对方是这种状态的话，我们又该如何应对呢？

对于这种状况，我们就要找准对方语言的缝隙，适时插话。

关键就是插话方法。比如，我们可以这样说："对啊对啊，我也知道一个差不多的事儿……"来说自己的话。

因为要说的是相似的话题，所以首先肯定了对方的话题，减轻了对方的抵触情绪。而且，一听是相似的话题，对方也会想知道是怎样的事情，进而对你的话满怀兴趣。

之后，你就可以顺其自然地改变话题了。

❻ 如何掌控会话交谈的主动权

切记有些话题是不可以深入讨论的

我们在对话过程中经常会说到政治、宗教等问题，或者会下意识地说起别人的坏话、抱怨之类的。可是，别忘了坏话是很可能会传到别人耳朵里的。而且关于政治、宗教的问题，人们通常都是各持己见，如果过于深究的话容易引起争执，多生事端。很多时候就是由于一时的感情用事，导致原本气氛融洽的对话演变成了无法收拾的悲剧。

所以，虽然说政治、宗教等问题是大家都关心的，无可避免地会成为茶余饭后的话题，但是，因为个人色彩十分强烈，切忌深入讨论。

成功控制对话方向的做法

当话题涉及到政治、宗教，抑或别人的坏话、抱怨等时，我们需要及时切换主题。为了能够愉快地谈话，整体把握对话的方向是非常重要的。

有的人经常会用"下面进入另一个话题……"来切换主题，但是，对方正说得起劲，被你突然打断的话，势必会感到扫兴，这样的话，你们的关系就会受到负面的影响。

我们知道，会话的最终目的是要增进彼此的感情，所以即使是想要切换主题，也要考虑对方的感受。

比如说："对了，就刚才的话题……"以此来返回到之前的谈话内容；或者肯定对方说法的同时，顺势转到自己想要说的话题上来，"啊，听了你刚才的话，我才想起我爱人也曾说过同样的话。说到我妻子……"利用这些说法，巧妙地转换话题，对方也不会过于反感吧。

巧妙转换话题的方法

○切记有些话题是不可以深入讨论的

例如：政治、宗教、对别人的坏话、抱怨之类的

○成功控制对方方向的做法：抓住时机转换话题

例如：

"对了，就刚才的话题……"

"啊，想到了！听了你刚才的话，我才想起我爱人也曾说过同样的话"

如果五六个人聚在一起，其中只有两三个人兴致昂扬地探讨着感兴趣的话题，其他人就好像不关自己的事情一样，对谈话无动于衷，在一起聊

天就没有意义了。

对话的原则是有几个人，就要找出几个人共同的话题。注意不要让其中的某个人太过于突出，要尽量考虑到所有人的感受，使大家都能够愉快地参与到对话中，这样才算是达到了最终目的。

所谓的控制对话方向并不是说一定要掌握话语主导权，而是要认真观察大家的状况，看看其中有没有人说得太多，有没有人一直保持沉默，话题是否合适，有没有发生争执的可能性等，并适时地引导合适的人说出恰当的话题。

这样，才会形成成果丰厚的对话。

第六章 CHAPTER 6

使谈话氛围高涨的说话方法

1　发现共通点，越来越有趣
2　尝试加点儿笑料
3　为谈话增加韵味的要点
4　如何成就生动形象的会话
5　肢体语言的使用方法
6　先等到对方提及
7　营造良好氛围，步步逼近最终结论

① 发现共通点，越来越有趣

发现共通点，缩短心与心的距离

下面，我们来介绍一下，大学毕业后在一家广告代理店就职的小李的一段经历。

小李入职后被分配到了营业部，实习期结束就接手了前辈们的一些客户资源。可是，在访问期间，每次一见到对方公司的负责人就无话可谈。那真是四目相对、默默无语啊！小李感到如坐针毡，体会到了未曾有过的挫败感。几次下来都是如此，小李渐渐觉得自己不适合做销售，甚至想要放弃这份工作了。

可是，有一次，在与对方负责人会面时，一番寒暄之后，对方突然说起下面的话题。

"你说话的声调有点儿熟悉啊，是哪里人啊？"

"我是秋田横手人。"

"啊，是横手人？具体是哪里的呀？"

"横手有个地方叫朝日丘,我就是那里的人。"

"真是缘分啊!我也是那儿的,老乡啊!"

之前的不顺心一扫而光,"站前的小卖店"呀、"高中生活"等越说越投缘,后来,还一鼓作气签下了好几笔大单子。

如上,有共通点的话,很容易谈得来。

即使是初次见面的人,只要能够及时发掘出共通点,就可以以此为契机不断展开对话。

优秀的营业员为了成功签下大单子,会对对方公司的经营者、董事或者负责人的出生地、学校、人际交往状况、家族成员、兴趣爱好、职业生涯等都掌握得一清二楚。然后,再寻找是否与自己或者自己所在的集体有共通之处。

发现共通点,在拜访对方公司的时候就可以以此为有力武器,加深彼此的关系,增加成功的概率。

尽早发现共通点

不仅局是在商业会谈中,平时我们的对话也很可能在交换名片之后陷入僵局。

社交能力强的人和不善于社交的人的差距就体现于此:能否打破僵局继续对话

"您家在哪里呀?"

"我家在府中。"

"是吗,那您每天上下班都搭乘京王线吧?其实,我就住在调布,基本上每天也都乘坐京王线。"

"啊,是吗?那么,在上下班的高峰期,也许不知什么时候我们还曾擦肩而过呢。对了,月亭站那儿因为市政建设的关系,现在已经不可同日而语了。"

"是啊,前几天,我还和妻子一起去那里逛了逛,年轻人特别多,到处都充满了活力呀!"

就这样,善于交际的人会抓住任何一个微小的共通点作为突破口,与对方展开热情的对话。

无论是工作上还是生活中,我们都需要与很多人打交道,建立良好的人际关系。为此,尽快找出彼此的共通点是非常必要的。

比如说,如果事先知道要见面的对象是谁的话,就要像一位精明的业务员一样,做好调查工作,尽早发现共通点。

此外,如果彼此有共同的朋友,就要认同那位朋友的良好品质和交际圈子,通过那位熟悉的朋友,打造良好的新人际关系。

❷ 尝试加点儿笑料

欢笑可以打开人们的心灵之锁,互生亲近感

众所周知,东方人比较含蓄,非常害怕在别人面前丢脸。由于这一意识过于强烈,人们渐渐地将"被人笑"和"使人笑"混淆在了一起。甚至学生被教育"不可以在人前露齿",因为在别人面前笑会被看成是非常轻浮的人。

所以，东方人既不擅长逗人笑，也不常在别人面前袒露笑容。

如何成为有幽默感的人

由于微笑可以使人体内分泌出一种快感荷尔蒙，所以即使是初次见面的人，互相说笑之后也会心生亲近。这种荷尔蒙是在人们看到美丽的事物、品尝到美味的食物，或者遇到快乐的事情时所分泌的一种物质，可以使人情绪高涨、充满动力。

不仅仅是欢笑过后的自己，就连看到你笑容的对方也会分泌这种荷尔蒙。而且，它带有很强的习惯性，会使对方看到一次你的美好笑容之后还想看第二次。

这就是为什么人们在谈笑风生之后会心生亲近感的原因。

善于对话的人通常都有很强的幽默感，他们一般具备以下两个条件。

① 心胸宽广；
② 能够发自内心的微笑。

所谓的幽默是源于那些心胸宽广之人的一种充满人情味的微笑艺术。满脑子都是坏话、抱怨的人是无法使人真正开怀一笑的。

此外，能够因别人的幽默而发自内心地微笑也是十分重要的。

语出惊人，笑声连连

我们思考问题时都是在按照一定的规律进行，如果打破常规思维，大胆夸张地说话，就容易引人发笑。

"不好意思，来晚了！我家养了一头狮子做宠物，结果它性子太过顽劣，我不得已只能用牙签将其围困在院子当中。"

A说："我酒量可是差得很，啤酒的话一杯就醉。"

B说："你还行呐，我一看到别人喝酒就晕得不行了。"

C说："哎呀，从你们俩说起喝酒的事开始，我就醉了……"

平时就多做些这方面的练习，很容易掌握这种表现手法。

"误会"带来的小幽默

大家聚会后一起去k歌，最后的那位唱完后，大家给予了热烈的掌声。唱歌的那位那叫一个美呀！

"看来，大家对我的歌声非常满意呀，那我就再给大家献上一首，怎么样？"

这时，旁边的一位仁兄说话了，"你快下去吧，一会儿有位专业歌手来助阵，大家才鼓掌欢迎的，和你的歌没什么关系。"

那位朋友的糊涂样儿真是给大家带来了不少欢笑。

这当然不是练习就能掌握的，但是知道这种方法也不无益处吧。

❸ 为谈话增加韵味的要点

有节奏的会话更易吸引人

"唱歌像说话，说话像唱歌。"

这是日本著名电影演员、作曲家森繁久弥说过的话。他唱歌时就像是在轻声细语；他演戏时说的台词又仿佛是被唱出来的一般，带着欢快的节奏，一度风靡全球。

对话也是一样，如果能够带有节奏感的话就会越发吸引人。

我们知道在接球游戏中，要把对方投来的球稳稳接住，再向对方投球，周而复始，形成了接球的固有节奏。但是如果对方扔过来的球都是险球，或者你接住球之后不扔回去，自己握着不放的话，对方又会如何呢？打破了应有的节奏，对方也会焦躁不满吧。

对话和接球是同样的道理。如果只注意对方话语间的细枝末节，而忽略了其真意，或者没有任何回应只是默默听着对方说话，这样是不会有对话节奏可言的。

所以，使对话充满节奏感的基本方法就是，认真听对方说话，抓住其真正意思。并且，适时地附和一下，发表意见，或是回答问题，总之要给予对方回应。

配合对方说话的节奏

现在的年轻人说话节奏特别快。正如人们的生活环境从机动车、收音机、电影发展到高铁、彩电、电脑、电话一样，对话的节奏也随之不断加快。

"昨天晚上，你去哪了？"

"啊，校友邀我一起去喝酒来着。就在东京站的……"

"骗子！你昨天明明是去了新宿，我都看见了。"

"真的？你……看见了？"

"当然了，而且根本就不是什么校友，而是我们公司的娜娜。"

"搞什么呀！既然都知道了就早说么。"

彼此就像开机关枪一样你来我往地交流着，速度非常快。如果对方是年轻人的话，这样说话很有节奏感。但如果是和老人或者小学生说话的话，还用这样的节奏。对方恐怕会吃不消吧。

对话是需要一边思考一边进行的。为了能够使对方充分理解你的话，要考虑对方的年龄、理解能力等因素，及时调整说话的节奏。

配合对方的说话节奏，才会使对话获得良好的效果。

适时停顿可以增加对话的深度

有人说："说话的技巧就在于对中间停顿的把握。"对话中，停顿时机的选择非常重要。

有的对话没有任何停顿，有的对话中出现了不合时宜的停顿，有的对话停顿过于频繁，这些都是对话间歇时机的选择问题。可见，对话间歇的掌握绝非易事。

但如果能够良好地掌握间歇时机的话，对话就会变得很有节奏感。

交换名片之后，对方刚把你的名片放进名片夹，如果你此时开始说话，对方对于你刚开始的几句可能就会听不见，而且还会觉得你太心急。还有，对方正要说话时，你没有注意到，抢着开口说话，就会表现得撞车，导致谁也听不清对方的话，非常尴尬。

所以，在开始对话之前先深呼吸一下，给对方充足的间歇去说清楚，或者听清楚对话内容。这是非常重要的。

对话过程中，对方正在忆苦思甜、感动得一塌糊涂的时候，与其接过话来立即发表自己的意见，倒不如停一下，和对方一起体会那份感动，这样会使对话更有节奏感。

为了能够及时抓住间歇时间进行回味，加深彼此的感情共鸣，我们需要认真听对方说话，分享其所想。这样才可以达成富有节奏感和深刻内涵的对话。

> **如何使会话变得很有节奏感**
> ○ 配合对方说话的节奏
> ○ 适当停顿，给对方足够的时间去听和说
> ○ 适时附和、回应对方
> → 我们需要认真听对方说话，分享其所想

❹ 如何成就生动形象的会话

平铺直叙的表达方式与生动形象的会话方式

与节奏相同，生动形象的会话更加能够吸引人。

那么，何谓生动形象的会话呢？比较一下下面的两组对话，你就清楚了。

"今天早上赶公交，车里大概有四十多人。在我之后又上来了一个二十四五岁的年轻男士。那人一米八的个头、穿着棕色外套配白色衬衫、还系着一条红色领带。在车刚启动不久，不知为什么突然急刹车的时候，他旁边站着的一位女士没有站稳，扑倒到了他的身上，还在那件白色衬衫上留下了唇印。"

"今天早上真是吓了我一跳呀！公交车上竟然人那么多。跟在我身后上来的那个年轻人比我高一头还多，身材也不是盖的。而且外套、衬衫、领带搭配得非常有品，是像木村拓哉一样的大帅哥哦。我都看入迷了。还没等我们站稳，就听见汽车发出滋滋的刹车声，说时迟那时快，这位帅哥旁边的一个姐姐以迅雷不及掩耳之势扑向了他，而且还在人家洁白的衬衫上留下了一个大大的唇印……"

第一组和第二组对话说的是同样的内容，那么你觉得哪个更加生动形象呢？不用说肯定是第二组吧。听着也觉得有趣，让人更愿意听吧。

表达方式有平铺直叙和生动形象两种。

第一组的对话就属于平铺直叙，这种方法谁也挑不出什么毛病，"四十多人""二十四五岁""一米八的个头""棕色外套配白色衬衫、还系着一条红色领带"，这些说的都是事实，无可厚非。

另一方面，第二组就属于生动形象的表达方式。"车上竟然人那么多""比我高一头还多，身材也不是盖的""外套、衬衫、领带搭配得非常有品""像木村拓哉一样的大帅哥""一个大大的唇印"，这些说法表现出了很强的主观色彩。

生动形象的表达方式会给人留下深刻印象，而且让对方有一种身临其境、亲眼目睹一切的感觉，容易达成说话人的最终目的。

在工作中，如果不使用平铺直叙的方式，很容易引起双方的误会；而在日常会话中，如果能够使用生动形象的表达方式，就可以将自己的感受更加准确地传达给对方，引起感情上的共鸣。

使用拟声、拟态词

多使用拟声、拟态词的话就会使对话显得生动形象。

所谓的拟态词就是用语言来表现事物的状态。

胖墩墩的、纤细的、细长的、扁扁的、轻飘飘的、沉甸甸的、红扑扑的、黑压压的、水汪汪的、干巴巴的、朦朦胧胧、闪闪发光、空空的、满满的。

所谓的拟声词就是用语言表现事物的声音。

轰隆隆、哗啦啦、喃喃自语、咩咩、哼哼、吱吱、汪汪、喔喔、咚咚、噼里啪啦、簌簌、叮叮当当、呲的一下、乒乒乓乓

如果能够有这样的词语来描述当时的场面的话,听起来就会很真实、惹人联想。

刚才的第二组对话里也使用了"滋滋的刹车声""大大的唇印"等形象的说法,使对话更加传神,给人身临其境的感觉。

在使用拟声、拟态词时最重要的就是要找到最合适的词语来表达,否则就会徒劳无功。

比喻的使用方法

所谓的比喻方法就是用其他事物来打比方,使抽象的东西具体化,难的道理容易被理解,通过对方熟悉的东西来了解不知道的东西。比如刚才的对话中,通过"像木村拓哉一样的大帅哥"来使对方联系到那个青年人的大致形象。这就是使用比喻方法的一个妙处,在使语言生动形象的同时,刺激对方的联想能力,使对话倍加有趣。

① **直接比喻**

现金堆得像小山一样高。

她的笑容像阳光一样温暖。

② **隐喻（暗喻）**

眼睛是心灵的窗户。

③ **固定搭配**

这个月的钱包可又见底了！

跳楼价啦跳楼价！

④ **拟人**

花儿对我笑，小鸟对我说早安。

大海在召唤着……

声音抑扬顿挫，增加语言魅力

说话总是一个调子就容易使人觉得腻。相反的，说话时声音抑扬顿挫，就会使听者更能全神贯注，对你的话产生兴趣。

就像江河一样，有时波涛汹涌，有时碧波长流，有时微波粼粼，有时波平如镜。对话也是如此，有时要急，有时要缓，有时要强，有时要弱，这样随着内容的转换而不断改变语调，就可以使对话更加生动。

除了进一步体现内容的转换之外，声音高低、强弱、缓急的变换，还可以表达疑问或者肯定的语气，以及喜怒哀乐的情绪等。

比如，简简单单的一句"车还没来"，如果重音改变的话，意思就会发生变化。

"都等了这么长时间了，车还没来。"

你如果能够采用多种方法把自己微妙的心情都表现出来的话，那么对方也一定不会觉得无聊，会和你兴致勃勃地攀谈起来吧。

❺ 肢体语言的使用方法

加上肢体语言，可以传达更多含意

对话中，表情达意当然是以语言为主，但是我们的表情、态度、身体动作、手势等也都是重要的表达手段。

这就是所谓的肢体语言。

与西方人相比，东方人不太擅长肢体语言。其实，如果你拼命想要表达自己的话，自然就会使用各种手势了。作为语言的一种辅助工具，肢体语言的效果十分明显。

可以说，精彩的对话里，肢体语言是不可或缺的。

只是，要知道人们的一些习惯性动作并非肢体语言。那些没有任何意义的小毛病只会给对方留下不好的印象罢了。

肢体语言是需要仔细盘算之后再使用的。下面介绍几个典型的例子。

使用身体动作、手势来表情达意

"今天我钓到了这么大一条鱼哦！"

边说边张开双臂至身体两侧，比量着鱼的大小、形状，这样可以使对方更加容易想象出具体情况。

"你明天一早就去A公司，给李老板道歉！"

边说边用手指着对方。在说服或者命令对方时，有力的手势能够增强说服力。

"从那边飞来一架闪闪发光的银色飞机哦！"

边说边用手指着远处的天空，这样可以更加准确地传达方向性和距离感。

"好，我要开始工作喽！"

边说边拍着胸脯，会使对方觉得你真是干劲十足。

"就这件事，我想说明三点……"

边说边伸出三根手指，使对方有个具体的概念，这样对方就会在脑子里随着你的手指数变化而思考第一点、第二点、第三点。

"这时，高铁一下子在我们面前飞驰而过。"

边说边在对方眼前，用手指飞速划过，使其感受到那种飞快的速度。

让我们一起来尝试使用肢体语言吧

"今天我钓到了这么大一条鱼哦！"

边说边张开双臂至身体两侧，比量着鱼的大小、形状，这样可以使对方更加容易想象出具体情况。

使用表情、眼神来说话

不仅仅是身体的动作、手势可以表情达意。我们的表情，特别是眼神也可以很好地表达我们的意思。

"听我说，我有孙子啦！"（兴高采烈的样子）

"真是屋漏偏逢连夜雨啊！这几天都倒霉透了。"（万分沮丧的表情）

"真是可怜啊，难得你能隐忍至今。"（感动悲伤的表情）

"我和别人可不一样，禁烟一年多来，就没再碰过一根烟！"（满是自豪的表情）

"你说话这么胡搅蛮缠，没人会理你的！"（异常愤怒的表情）

"能够和你结婚，我觉得自己是这世界上最幸福的人。"（满心幸福的样子）

"那个合同签好了，啊，太好了！"（松了口气的样子）

"啊，你知道这事儿啊？！"（吃惊的样子）

这样，在会话中加入面部表情的话，表情达意就会更加到位，使对话氛围更上一层楼。

肢体语言有时候就是要夸张一些才有效果，不过，太夸张的话又显得过于做作，所以要把握好度。

❻ 先等到对方提及

没看准时机就亮出绝活，会变成自吹自擂了

你和其他人聊得如火如荼，十分高兴的时候，就会下意识地想要展示一下自己的绝活、特长，这都是人之常情。

"我个人非常喜欢打高尔夫，而且还从中得到了些人生启示。我原来打到第九洞就打不好，一块儿去的朋友都能一次搞定，就我不行。我心有不甘，于是给自己定下一个目标，一定要练成一杆上草地的绝技。

"从那天开始，只要一有空我就抓紧时间练习，朋友找我喝酒我也都推了，一下班就到自家附近的球场练习。终于在前年秋天的时候，我的努力得到了回报。在第九洞，我竟然做到了一杆入洞。虽然多半是靠运气，但是看着我打出的球朝着球洞直接飞去，就像是被什么魔力吸引着一般，一下子就进去了，朋友和球童都为我欢呼雀跃，我自己也体会到了巨大的欢乐。由此，我开始确信，人生只要定下一个目标，并朝着它拼命努力的话，就一定会有所收获。"

虽然说是绝活，其实都有自我感觉良好的自夸成分在里面。

说话者的本意无外乎是说很少有人能够一击入球，而自己却做到了，希望别人都知道这件事。但是，如果直接这么说的话，一定会让人心生厌烦，所以才把它归结到了人生感悟上来。

虽然每个人都想让别人知道自己的特长，但是如果被人当成自吹自擂的话就会遭到厌烦了。甚至会被人们在背后议论："哎，他来了，你可不要再提打高尔夫的话茬了啊，要不然又会像上次一样。"

但是，如果你们在谈话过程中，对方提及人生观，并询问你的想法时，你就可以抓住机会说刚才的那段话了。

因为对方就是想知道你在这方面的想法，已经做好了接受相应对话内容的准备，所以，你可以无所顾忌地畅谈自己的特长，对方一定会深受启发的。

❼ 营造良好氛围，步步逼近最终结论

对话的最终目的是心与心的交流

之前，我们一直在说如何与对方达成良好的对话，其实，对话的目的就是与对方不断沟通，心理学上称之为"心的交流"，是交流的一种基本思考方法。

即使是商业谈判、商量解决问题或者传达指示、命令时，如果无视心的交流，直接端出结论的话，无论你的理由多么充分，它的效果都会大打折扣。

所以，我们要把心的交流放在首位，当对话氛围不断高涨的时候，再提出自己的目的，这样才会有好的结果。

从良好氛围转入正题时的说法

我们在电视上也常看到类似的画面，无论是国际会议还是外交谈判，大家刚开始都会笑容可掬、亲切握手，然后在互相尊重对方立场的前提下，开始谈一些无关紧要的话题。当谈话氛围十分融洽之后，人们会转移到其他房间，开始进入正题。

无论是工作还是日常会话都大致如此。在进行真正的谈判之前，先要营造融洽的氛围。

为什么一定要这样做呢？那是为了给对方足够的时间去做好开始谈判

的准备。因为在和你说话之前,也许对方还在考虑其他问题,为了使其摆脱之前情绪的影响,闲谈的时间是十分必要的。

此外,营造良好的氛围,也有利于我们顺利地传达自己想要表达的信息。

在时机成熟的时候,可以呼一口气,稍微停顿片刻,然后说:"其实,我今天前来拜访是为了……"进入正题。因为彼此已经敞开心扉了,所以对方也会积极地听你说的话。

切入主题时有很多说法,比如:"接下来,我想说一下这件事……""那么,今天之所以约您来是为了……"

辨别时机成熟与否的关键点

那么,我们如何能够判断时机是否成熟呢?下一页里介绍了一些关键点。

请您仔细观察对方的表情、微笑、倾听的姿势、说话的方式。如果你们双方已经谈得忘记了时间,谈话进行的非常愉快的话,那么就可以认为时机成熟了。

辨别时机成熟与否的关键点

表情

非常享受现在聊天的时光,表情柔和,眼睛有光泽

微笑

感觉非常放松,该笑的时候笑得很开心,有时也会讲个笑话

> 倾听的姿势
> 非常认真地听你讲话，不时地附和一下，频繁点头
> 说话的方式
> 变得多言，大有滔滔不绝之势

说话要足够具体才有说服力

如果你的目的是完成商务谈判或者达成某种请求的话，说话就一定要有说服力。为此，说话具体是十分必要的。我这么说，你可能说句"啊，知道了"就完了，其实，想要把话说得足够详尽，绝不是想象的那样简单，相反那是件非常困难的事情。

"一个年轻女孩牵着一只狗在路上走着。"

您觉得这句话说得具体吗？也许有人觉得已经很具体了。但其实它还是非常抽象的一句话。

"有一个长得非常像酒井法子的、二十三四岁的女孩，穿着粉红色连衣裙、黑色高跟鞋，牵着一只茶色绒毛的小鹿狗，在二十四小时营业店门前，十分愉快地走着。"

听到这句话，您又有什么感觉？

是不是眼前立即浮现出了那个画面？而且，我相信哪怕是十个人听到这句话，他们想象出来的场景也都是一样的。

这就是语言的说服力。只是，不需要什么都说得非常具体，只要把你最想表达的几个地方说得足够具体就好。这就是说话拥有说服力的关键点之一。

第七章 CHAPTER 7

让交谈不再虎头蛇尾

1　克服紧张的方法
2　叙述精练更容易传达
3　恰当地运用身体语言
4　用面部表情引导对方说话
5　良好的沟通礼仪很重要
6　一见如故，并非难事
7　积极的自我暗示能增强自信心
8　学会随机应变
9　要积累丰富的话题量
10　说话要有目的性

① 克服紧张的方法

要克服紧张，首先要找到导致紧张的原因。紧张是自我意识过高导致的心理状态。

容易紧张的人通常在陌生的场合，或面对初次见面的人、比自己地位高的人时，对自己的要求空前增高，脑中不断想着"要给对方留下好的印象""千万不能表现得不好""不能让对方小瞧"，导致精神高度紧张。心跳加快，甚至交换名片时，手会不可抑制地抖动。

高度紧张状态下，大脑会陷入一片空白。想要表现的心理会使人不由得挺胸昂头，甚至使用一些平时不常用的词语，整个人显得非常不自然。

这些不自然的状态会让对方有所察觉，而对方的察觉会加剧前者的紧张。因为他们想要表现的心理中，同样隐含着害怕出丑、害怕失败的心理。过度紧张时，他们开始变得难以开口说话。

那么，这种心理如何才能克服呢？

有以下三个要点：

告诉自己，对方也很紧张

其实，在与陌生人交谈时，人人都会感到紧张。会手抖、额头冒汗。但许多人总认为"为什么他那么平静，我这么紧张呢？"

需要知道的是，你并不孤独，这种情形下，人人都会紧张。紧张是人的本能反应，只不过紧张程度因人而异罢了。他人的紧张可能表现在心跳加快、手心出汗等，这些从表面看并不易察觉，因此才会显得似乎很淡定。

"为什么只有我这么紧张"的这种心理会加剧紧张，而"原来他也很紧张啊"则会大大缓解紧张。因此，在感到紧张时，不断地告诉自己"不只是自己，对方也很紧张"，同时深呼吸，会有效缓解紧张，逐渐恢复平静。

平常心对待

面对新的场合、陌生的人、比自己地位高的人，我们很容易产生"好好表现"的心理。这是自尊心的体现。人人都害怕自尊心受损。害怕失败、害怕丢脸的心理由此而生。这种心理会让我们过分地在意自己的形象，产生"他会怎么看我呢？会留下好的印象吗？不会觉得我很蠢吧"这样的焦虑感，导致紧张。

年龄和阅历的差异原本并不会妨碍我们相互沟通，但对于自己形象的过分在意所导致的焦虑感会束缚我们的思想，让我们不能自如地表达自己。对于年长者、前辈们有必要表现出尊重，但无须感到畏惧。

回想平时，我们与亲戚朋友交谈时不会总担心自己形象，这时我们能够畅所欲言，交谈时也能充满激情。若以这样的平常心对待陌生的环境和陌生的人，同样可以起到相同的效果。

因此，平常心会让我们自如地表达自己，会使交谈变得轻松、愉快。

习惯成自然

与陌生人交谈时,我们会感到精神紧张,容易疲惫。这样的体会会让一些人本能地想要逃避这种形式的交谈。这便是人们常说的"怯生"。

你是否有这样的经历呢?地铁上,看到熟人也会装作没看到,晚宴上绝不与陌生人主动聊天,不喜欢与妻子或丈夫家的亲戚们接触,等等。

然而,逃避并不能解决问题。一味地逃避也不能让我们战胜交谈中的紧张和恐惧心理。

刚开始学驾驶或学滑雪时,我们总会感到害怕。不由得双腿打颤。但如果这时,因为害怕便不再继续学习,五年十年过去我们依然学不会开车和滑雪。相反地,如果强忍着害怕坚持练习,过不了多少次便能够成功驾驭。

西方人会经常举办和参加家庭派对。他们在派对上会非常热情地结识陌生人。这一方面是为了扩充人脉,另一方面是由于习惯了这样的场合,因此能够很自然地对待,习惯性地与陌生人沟通。

因此,对于在陌生场合容易紧张的人来说,需要有意识地创造这种场合下开口说话的机会。习惯成自然,多经历几次过后,自然能够轻松驾驭。

❷ 叙述精练更容易传达

交谈中,想要使对方跟你持续互动,首先要做到语言简练、易懂。究竟怎样才算是精练呢？具体来说，如果将这句话写在纸上，400字一页的稿纸，字数需要控制在一行半到两行的长度。

那为什么说短句子更容易理解呢？主要是因为短句子主谓宾关系更清晰可辩。

"我是女孩。"这个表达想必人人都懂。

再看下面这个句子：

"我打小性格就火爆，小时候看到哥哥在外面被人欺负，会抄家伙替他出气。邻居们都说我没生成男孩儿真可惜。在学校大家也都叫我假小子。但我是地地道道的女孩子。"

同样是在阐述"我是女孩"，但这个句子的主谓关系就没有那么清晰了。

主语"我"和宾语"女孩"被隔离开来之后，句子意思就较难把握。语言晦涩，会使对方难以捕捉你要表达的信息，从而无法跟你产生互动。

我们在电视上也会看到有些人的表达烦琐冗长。

"这个话题是关于运动的，当人在极大压力下运动时，压力的正作用力和反作用力会在各自的范围内对人体产生不同的效果，或带来更大压力，或缓解压力。人们对压力的接受范围也是不同的……"

这里引用的是某个退役运动员在某个新闻节目中的一段话。想必当事人在看到这段话后也很难搞清楚自己想表达什么。

句子太长时，有时候甚至说话人自己也会中途忘记自己究竟想要说什么。自己都晕了，对方更是一头雾水。因此，简洁、精炼的表达非常重要。

日本人非常重视谈话中的礼仪。面对不同的场合和不同的人，用词、表达都要有所区分。和家人，和朋友，和客户，和上司等，说话的方式自然是不同的。

"快来快来，老家来的土特产，大家赶紧来尝尝，味道可赞了！"

"课长，昨天我家里寄过来一些土特产，我给您带了一些，请您品尝。"

像这样，虽然表达的是同样的意思，面对不同的谈话对象，用词也需要有所区分。

❸ 恰当地运用身体语言

身体语言让交谈变得生动有趣

"昨天新来的销售有一米九多的个头，身材也好，肌肉特紧实。"

如果只是单纯地这么一番话，很难让听话者有直观的感受。但如果在说"一米九多的个头"时，假设那人就在眼前，抬头高高地仰视他，伸手向上比划他的高度，听话人自然会对他的身高有直观的感受。同样地，在描述"身材好""肌肉紧实"时，也配合着秀下肱二头肌，画面感顿时跃然而出。这些身体动作和手势构成了我们的身体语言，对语言沟通的效果起到很重要的作用。

但在运用自身的身体语言时，需要特别注意的是，身体语言的目的是为了配合谈话的内容，如果动作手势和话题本身并无关联，则会起到相反的作用。

很多人并不擅长运用身体语言，偶尔的身体动作会显得过于僵硬，很难起到积极的效果,因此,建议大家不妨在家里对着镜子练习。

克服语塞的良方

与人交谈时,支支吾吾、磕磕绊绊、说话不清晰不流畅的人不在少数。而且,在语塞时,往往越是想着"这样下去不行,得赶紧想想办法",越是张不开嘴。

这是由于自我暗示导致精神焦虑的结果。

在我的课堂上,就有许多同学是抱着这样的烦恼来学习的。

每节课都会有3分钟演讲环节。有许多同学在面对许多人演讲时会紧张得说不出话来。但很有意思的是,下课后大家一起去卡拉OK,那些在演讲时紧张语塞的同学在唱歌时却十分流畅,甚至完全不看歌词也能非常顺利地唱完一首歌。此时他们的表现往往要比其他人更加淡定。

原因是什么呢?我们了解后得知,他们会对喜欢的歌曲多次练习,另外,卡拉OK的伴奏也会让他们自然地掌握唱歌的节奏。

我们将这个方法也带到课堂上,并收获了很好的效果。

首先,我们要求同学们背会3分钟演讲稿的内容。

然后,让他们看着稿子朗读演讲内容,并录音。录音时,因为他们已经完全记住了稿子的内容,而且可以看着稿子录,所以朗读时就不会再语塞。

另外,录音时,我们会请他们在开始朗读前,用铅笔在桌子上"一""二""三"轻轻叩出三个节奏。

接着,他们要在反复地听好几遍自己的录音之后,再戴上耳机,一边听录音一边演讲,演讲时要发出声音。

最后一次的脱稿演讲练习开始前,仍然用铅笔轻轻敲三下节奏,可以看到大家都能够流畅地讲到最后了。

通过重复这样的练习，学员们逐渐建立起了自信心，随后在各种的场合，都能够自如、流畅地交谈了。

讲话语塞，是由于急于表达的心理导致舌头跟不上思维。为了解决这个问题，我们的方法是让大家听着自己的录音练习演讲。原理其实和卡拉OK的伴奏是一样的。另外，要克服心急口慢的毛病，大家还可以试着做一些发声练习，让自己的讲话变得有节奏感。

前面提到的腹部深呼吸同样适用于这个问题。深吸一口气，然后安静、缓慢地呼气说"阿——"。呼气时注意不要停顿。随后再缓慢地呼气说"依——""呜——"。多次重复这样的练习，也会对改善语塞起到明显效果。

❹ 用面部表情引导对方说话

微笑能够让交谈变得愉悦

在交谈中，任何一方感到难以接受，谈话便会很快终止。那么究竟是什么原因会让我们感觉难以接受呢？原因之一是对方的表情。

初次见面，如果对方一直皱着眉头，眯着眼睛，目光向上注视着你，你会是什么感觉呢？一定会想早点结束这场对话，尽快逃离他的视线吧。相反，如果对方始终保持浅浅的微笑，你会不会迫不及待地邀约下一次的会面呢?

人们常说:"微笑胜过任何昂贵的化妆品,微笑是最美的化妆品。"微笑的魅力并不因性别、年龄而异。

擅长交谈的人一定是始终有着灿烂笑容的人。

人们在看到微笑时,大脑会分泌兴奋激素。它让我们心情变得愉悦,让我们在分别之后马上想开始下一次的见面。

这就是微笑的神奇魅力。

保持微笑的秘方

微笑是内心深处喜悦的外在表达。

我们可以通过调节情绪,让自己变得愉悦,从而产生微笑。

要让自己保持微笑,需要做到以下几点:

① 积极、正面地考虑问题

这就是说,我们需要养成始终积极看待问题的习惯。

有个例子说两个人在看到钱包里有一百块钱时不同的表现。积极的人会想:"太棒了!我还有一百块钱。"消极的人则会想:"太糟了!只剩下一百块了。"可以想象这两个人的面部表情一定是不同的。

有着积极心态的人一定是面带微笑的。

② 下意识地创造微笑

睁大眼睛,发出"嘿——"声时,嘴角会打开,呈现微笑的表情。你可以对着镜子发现自己最美的微笑,然后在心里默默记住那个表情,尤其是眼睛,尽量让自己的目光显得温和。

只要在生活中有意识地保持最美的微笑，久而久之，即使是面对悲伤、痛苦，你的内心也会是晴朗的。

微笑往往能感染周围的人，你的笑容会让大家都变得心情愉快。那么我们还有什么理由不努力做一个快乐、喜欢微笑的人呢？

❺ 良好的沟通礼仪很重要

在交谈中，影响对方是否想要与你畅谈的因素不只有你的表情，沟通礼仪也会影响交谈的气氛。

鞠躬

首先要说到的是鞠躬。鞠躬对于初次见面的重要性自不必说，在日常生活中，同样需要特别注意。

因为通过鞠躬这个动作，可以让对方最直观地判断出你是否重视他。

面对敬重的人，我们会先整理姿态，站直后，深深地低头，恭敬地行礼。

正式的鞠躬礼表达出"你对我很重要"的信息，对方在接收到这一信息后，自然会做出愉快地回应。

面对比自己年龄小的人，或者社会地位低的人，同样要表现出尊重之意。因为来自长者、上司的尊重，会让人感到被重视，这也是令人开心的事。这种喜悦是随后的交谈能够顺利进行下去的重要因素。

我看到生活中许多人在行鞠躬礼时，只是随意地点下头。这无疑会让那些重视礼仪的人感觉被冒犯，从而对之后的谈话丧失兴致。因此，我建议大家重视鞠躬礼。

谈话时的姿态

与人交谈时，你的姿态也会影响对方的反应。谦虚的态度，往往会让对方感觉轻松。

电视上曾经播过一个美国知名演员和日本首相见面时的场景。

美国演员从裤子口袋里拿出口香糖，一边嚼一边说话。这个态度在美国可能很正常，但在日本则是非常失礼的表现。人们会认为"这是个没教养的人"，对其感到反感。

在沟通中，一旦伤害到对方的感情，再想要修复和挽回需要付出很大的代价，想要获得良好的谈话气氛也大抵是回天乏力了。

因此，我们需要特别注意自己的姿态。站着交谈时，手不要背在身后，要置于胸前。腿不要过于放松，要站直。坐着交谈时，不能翘腿。

不修边幅是社交大忌

试想我们跟某人初次见面的场景。此人头发乱蓬蓬，胡子茬丛生，衬衫皱巴巴，还穿着破洞牛仔裤，你会对他有什么好印象吗？甚至会怀疑他的诚意吧？面对这样不尊重你的人，你也很难敞开心扉跟他聊天吧。

在某种意义上，着装是我们性格的外在表达。不修边幅会让对方感觉邋遢，并因此与你拉开距离。

正式场合需要检查纽扣是否扣上，领带是否在领下正中央，口袋的里衬有无外翻露出，这些基本的着装礼仪无论男女都应该充分考虑到，否则都可能对随后的交谈产生不良影响。

要恪守谈话礼仪

不遵守谈话礼仪会直接影响谈话的进行。

我们在电视谈话节目中，会看到有些人若无其事地打断别人讲话，而自己长篇大论地发表个人意见时又不允许别人插话。这些都是无视谈话礼仪的做法。

说话时若有人插话，先停下来，伸手示意对方，"您请说"，这种将谈话让与别人的做法，是谈话礼仪之一。

此外，表达自己的观点时，尽可能地做到简洁，从而给对方留出更多时间，会让对方感到愉快，有利于交谈的进行。

❻ 一见如故，并非难事

提前做功课助你轻装上阵

人们在初次见面时都难免会紧张。

因为不了解，难免会有各种揣测。年龄大概是多少岁，性格是豪放型还是紧张敏感型？善谈还是沉默？爱好广泛还是不喜娱乐呢？等等。通常这种揣测往往会加剧紧张的心理。

但如果见面前介绍人已经向你介绍了对方的这些情况呢？"明天要介

绍给你的A先生性格外向，很善谈。喜欢爬山。"知道了这些，是不是会轻松很多呢？

因此，对不认识不了解的人，提前做好功课，能够有效缓解初次见面时的紧张心理。

有所针对地打开话题

提前了解了对方的性格和爱好，不仅心态会轻松许多，还可以有所针对地准备交谈的话题。这些功课会让之后的谈话氛围更加融洽。

我在了解到对方下面这些情况：

"此人是运动员，因此性格有点一根筋，认准的事情很难改变。特别喜欢棒球，因为是广岛人，所以是广岛东洋鲤鱼队的粉丝。"

在见面时我会这样打开话题：

"话说最近的学生都一味地闷着头学习，远没有我们那时候热爱运动了。"

"是啊，年轻人还是应该多多参加体育运动。"

"是啊，企业招聘时，也偏爱在学校参加体育社团的学生。"

"体育部的学生性格更加外向，对待前辈们也格外懂得礼仪，又相对更加机敏一些，总地来说很受大家欢迎啊。"

"的确如此。对了，那您喜欢什么运动呢？"

"我以前打棒球，高中时候还参加过高中联赛，不过现在打得少了，最多只是看看比赛。"

"听说您是广岛东洋鲤鱼队的球迷，广岛貌似刚换了新球场吧。从前的那个球场一定有您许多回忆吧？"

"是啊，老球场一直是我最爱的地方。没想到会换到别处，太遗憾了。"

像这样，人们对于自己感兴趣的、关心的话题，总会十分热衷。在得知我们为了这次见面提前做了功课以后，也会更加认真地回应。

但这里有个尺度，不可过分强调我们提前做的准备工作，否则会让对方感觉自己被调查，从而产生警戒心理。

了解对方性格的几个要点

上一节提到，我们在提前了解了对方的性格特点后，就可以有针对性地做些准备。但对于初次见面来说，大多数时候彼此是完全陌生的。这就需要在交谈过程中去推测对方的性格。

我们在下面为大家归纳了推测性格的几个要点。这些要点会帮助大家更快地了解对方的基本情况，但并非放之四海而皆准的真理。我们还会在后面继续向大家介绍拉近距离的一些常见话题。

"看相"法则

胡须蓄起的人
表现欲强，有一强迫性

总是胡子茬丛生，不修边幅的人
大大咧咧，自我中心主义

将两臂抱在胸前的人
警戒心强，谨慎

眼睛左顾右盼不能正视前方的人
没主见，容易随波逐流

> **交换名片时只盯着名片而不习惯与对方眼神交流的人**
> 胆小，在意周围人的想法
>
> **经常向对方摆手，说"放过我吧"**
> 自尊心强、固执
>
> **表情开朗，袖子卷起**
> 性格开朗，但不太有耐心
>
> **说话时面朝对方但身子却扭向另一边**
> 不易接受别人的意见，固执己见，容易与人发生冲突
>
> **表情开朗，说话声音大**
> 环境适应性强
>
> **体格健壮**
> 可能在练习柔道或其他格斗，自信，表现欲强

❼ 积极的自我暗示能增强自信心

自信心，给你勇气

要让自己充满自信

我们在陌生的环境或氛围中，面对不熟悉的人、前辈或社会地位高的人时，经常会感觉没有自信，从而不能自如地表达。

其实，无论是多么位高权重的人，回到家中，也会和我们一样看无聊的娱乐节目，跟着哈哈大笑。这么想来，人与人之间并无太大差异。

因此，无须太在意对方的头衔，不管对方是大学老师还是官员，是同性还是异性，只需要以平常心来对待便可。

做到平常心的三个窍门：

① 深呼吸

② 告诉自己对方此刻也很紧张

③ 给自己积极的自我暗示

前两点已在前面的章节讲过，下面一起来看下如何做到积极的自我暗示。

晚上睡觉前的自我暗示最有效

自我暗示是通过在晚上入睡前影响自己的潜意识而产生效果的。

因此，我们要做的是，首先，在睡觉前关上电视，让周围安静下来，集中自己的注意力。之后，在床上坐下（端坐或盘腿皆可），双手置于膝上，眼睛微闭，放空大脑。接着，做5~6次深呼吸。

深呼吸的同时，参考如下肯定句的表达方式，酝酿自己想要实现的梦想。

"我可以在任何人面前自信地表达自己。"

"即便是面对陌生人，我也可以自如地聊天。"

"大多数人都喜欢跟我聊天。"

深呼吸结束后，缓慢地说出（或在心中默念）梦想，重复三次。

想象自己发言时，大学老师或企业领导都专心听讲，被自己风趣的谈话吸引而笑出声来的样子。

完成以上步骤后缓慢地睁开眼睛,在这个安静的环境下立即入睡,不再做任何干扰自己情绪的事情,比如看电视、上网、看书、聊天等。

第二天你就会感到自我暗示所给予你的自信心,在说话时会感到自己充满力量。

借助自我暗示建立自信心

① 坐在床上

　　放空大脑、眼睛微闭

　　深呼吸5~6次

　　端坐或盘腿坐均可

　　双手置于膝上

② 缓缓说出自我暗示的话语

　　我能够很好地招待客人

　　想象客人欢聚一堂的景象

　　重复三次自我暗示

❽ 学会随机应变

培养理性好奇心

对话题本身不了解、不清楚，就很难深入交谈。因此，要想避免不了解话题内容而造成的尴尬，平时就要各种话题广泛涉猎。不求精，而求广。

广泛涉猎，需要培养自己的理性好奇心。所谓理性好奇心，不同于单纯的好奇心，还需要具备问题意识，在接触新事物时脑中常问"为什么"。

例如目击交通事故时，单纯的好奇只会让你说："啊！好严重的事故！""真惨！那车都撞成那样了！"

理性好奇心则会思考事故原因，会猜测"这事故估计是前面的卡车违规引起的"。更进一步，如果知道事故中驾驶员疲劳驾驶，就能得出结论"长时间驾驶需要保证充足的睡眠"。这样，对"驾驶"这个话题，就形成了自己的看法。

在理性好奇心的驱动下，我们会在广泛涉猎的同时，积累自己对于各种话题的观点。

换位思考的重要性

不知道如何回应对方，同样无法将交谈进行下去。交谈中要做到随机应变、因时制宜，更需要具备换位思考的能力。

这件事他会怎么看，会希望我怎么回应，这样的换位思考非常重要。

换位思考能够充分考虑对方的感受，与对方形成共鸣。抱着这样的心态与对方沟通，不仅能预知谈话的方向，而且能让对方感受到真诚和体恤，让谈话更加紧密。

"您二老还健在吧？"

"不，我父亲上个月去世了。"

"啊！真抱歉，勾起您的伤心事。但还请您务必节哀，有任何我能帮忙的事情，请尽管说。"

"多谢你的关心。父亲年迈，我也有这样的心理准备。"

交谈中有时会遇到这类沉重的话题，此时如果能够感同身受地为对方考虑，即使话题沉重，也能够自然地进行下去。

"唉，最近销售额一直上不去……"

"打起精神来，要有信心，有什么我能帮你的吗？随时找我！"

交谈时的随机应变术

① **具备理性好奇心**

　遇到新事物时，脑中常问"为什么"

　理性好奇心

　看热闹

② **换位思考**

　站在他人的角度看问题

　了解他人希望听到怎样的回应

❾ 要积累丰富的话题量

熟能生巧

俗话说"熟能生巧"。加强练习,是突破交谈障碍的唯一捷径。积累了丰富的交谈经验之后,自身的话题量也会得到充实,也就不再会对交谈本身感到畏惧。

因此,想要提高沟通能力,首先要不断地尝试和挑战。

"不知不觉秋天到了……"

"是啊,夏天这么快就结束了。"

"可不是嘛,前几天还热得要命。"

"时间过得太快了……这一两年,越发有这样的感受……"

通过不断地练习,逐渐熟练之后,不仅谈话会变得流畅,话题与话题之间的过渡也会游刃有余。

积极尝试带来丰富的知识储备和人生阅历

积极地尝试生活中各种挑战,眼界和爱好会随之扩展,并积累更多的专业知识和生活体验。

丰富的阅历会带给你源源不断的谈话灵感,不再受到特定话题的局限。

"近来公司不景气,真是苦恼……"

"公司不景气，学生们也不好找工作。"

"话说不久就要众议院选举了，经济复苏想必是竞选热点话题。选举宣传车又要开始忙活了。"

"说到这个，不得不提兼职助选人的待遇可真不错，时薪要比一般兼职高两倍多呢！不过这工作要比一般工作难做，我以前做过一次，真叫人头疼。"

像这样的谈话，对方可能会随时延伸出与原本的讨论无关的新话题。这就需要我们有足够的知识储备，能够跟上不同的主题。

交谈中不宜过于情绪化

面对交谈中意料之外的话题，有的人可能会因此流露出不满的情绪。像这样的情绪变化可能会被对方察觉出来，从而影响到谈话的进行。

正确的做法是尽可能地让自己保持冷静，并积极面对。

"家人的陪伴是最难得的。我的家人相互之间非常亲密，我感到很幸福。"

"是吗？不过，你想过有一天你不在了会怎么样吗？"

"什么？你是说我死了以后吗？"

"是啊，你想过吗？如果有一天你不在了，你爱的家人们可能会无法面对生活中的磨难，甚至会兄弟反目、骨肉相残。"

"……"

可能许多人在遭遇这个例子中莫名其妙的发问时，会感到被冒犯，会生气、质问对方。其实还可以有另外的一种态度来对待。那就是先迎合对方的无厘头猜测，然后将话题转向另一个方向。

"确实，现在家里的幸福和谐是因为有我的存在。如果我不在了，家里也会丧失收入来源，生活会因此变得窘迫，但为此互相争夺财产倒也未必。"

"不过我还真没想过如果真的有这一天该怎么办。你怎么看呢？有什么好的建议吗？"

"我认为要提前准备好遗书，在遗书里明确遗产的分配。"

面对毫无准备的发问，如何做到冷静，仍然是"历练"二字。

"多看、多听、多尝试"，这三个"多"能开发我们体内的无限潜能。交谈经验的积累能够让我们掌握如何迎合对方、如何将谈话往前推进的方法。

而一切经验的积累，都要靠身体内部积极性的驱动。

积极心态的第一步是充满勇气。

鼓起勇气，立即行动起来吧！

⑩ 说话要有目的性

没有目的的谈话，就如同没有终点的赛跑，不知道该在什么时候停下。因此，我们在谈话时，要清楚自己谈话的目的，在这个目的下控制谈话的内容。

那么，日常交谈的目的都有什么呢？

这个问题会难倒许多人。很多时候我们都只是漫不经心地聊天，没有去考虑聊天的目的。但这并不意味着日常交谈就没有目的。不清楚这个目的，我们在聊天时会感到迷失。

日常交谈的目的是加深彼此间的感情，构建友善的人际关系。明确了这个目的，就会懂得在交谈时要避免可能会伤害彼此间关系的说话方式。

"今天早晨地铁发生了事故，上班整整晚点了25分钟，郁闷极了！"

"25分钟有点夸张了吧。我今天早晨也坐了这班地铁，准确地说是晚了12分钟。"

"……"

日常交谈中，准确性并不是最重要的。在这个例子中，马上纠正对方的做法会让对方感觉不快。

如果换一种说法，"那可真是郁闷"，就很好地迎合了对方的情感诉求，会让彼此的关系更紧密。

工作中，交谈的目的又是什么呢？

不同于日常谈话，工作中的交谈要求用词的准确度。

"上个月的销售情况如何？"

"跟以往比，好了很多呢。"

"很多究竟是多少？请告诉我具体的数字。"

工作中，像这样模糊的表达会不利于沟通。

"上个月的回款是67.2万元。比去年同期增加了12.1万元。"

业务谈话中，准确的表达极为重要。借助数字，准确地量化增减幅度，会使表达更加易懂，让沟通更有效率。

工作中的交谈根据不同的对象和场景，会有其他不同的目的。我们需要时刻将谈话的目的铭记于心，这样才能保证顺利、有效的沟通。

第八章 CHAPTER 8

如何让交谈变得热烈

1　假设交谈是一次投接球游戏
2　表达使心情舒畅，因此需要给对方创造表达的机会
3　恰当的附和让你成为好的倾听者
4　倾听的魅力
5　找到和对方的共同点
6　懂得幽默，善用幽默
7　练就读心术，控制谈话方向
8　避免说话时喋喋不休

❶ 假设交谈是一次投接球游戏

一个人的谈话就如同扔出去而没有回应的投接球

很多人认为要想谈话的气氛热烈，自己就要一直积极地说话。结果变成了从头到尾都是自己在说，对方很难参与。

于是，现场气氛表面看起来可能很热烈，但事实上听话的一方早已听得不厌其烦，思想已经在开小差了。

这种情形更多发生在对自己没有信心的人身上。他们担心谈话中断，为沉默感到惶恐，于是一开口便不敢停下来。

尤其在面对不熟悉的人时，因为彼此之间不了解，很难找到共同话题，谈话的气氛就更加难以调动。

为此，有的人为了避免冷场，就拼命地说话，想要通过这种方式减轻对方的思想负担。但没有沟通的谈话很难持续下去，最终还是无法避免尴尬的局面。

互动是交谈的根本

将谈话比喻成投接球游戏,简直太贴切了!如果对方没有做好接球的准备,那么我们的球投出去之后也无法被接到,游戏就此结束。

投接球游戏要继续下去,不仅需要我们自己做好投球的准备,同样需要对方做好接球的准备。

然后,我们接住对方投回来的球,再判断对方的位置,将球投回对方手中。逐渐地,双方掌握到游戏节奏,一来一回,彼此都会感到轻松。

这才是投接球的精髓。

将此运用到谈话中,该怎么理解呢?

谈话 = 投接球

> 只是自己在投球,对方没有回应,游戏无法进行
>
> 只是自己在说,对方没有回应,谈话无法进行
>
> 对方接住球之后再投回来,游戏才能继续
>
> 对方主动打开话匣,谈话才能继续
>
> 稳稳地接住对方投出来的球,然后再将球投回对方手中
>
> 正确地理解对方的话,善意、友好地回应

就如上图所演示的那样,仅自己一个人说话,而没有对方的参与,并不是调动谈话气氛的正确方法。

唤起对方的参与,并能够妥善地回应,才能真正达成谈话效果。

如果两个人在你问我答的持续互动中找到了各自的节奏,气氛就能变得热烈了。

❷ 表达使心情舒畅，因此需要给对方创造表达的机会

说话让人放松，倾听使人疲惫。

畅所欲言使人心情舒畅。我们在跟好友聊天时，总会觉得时间过得很快。然而，倾听则使人疲惫。

并非每个人都擅长表达。其实，擅长表达的人并不多。听一个毫无逻辑的人长篇大论是很费神的一件事情。

人在倾听时如果感觉疲惫，注意力就很容易被分散到话题之外的事情上。这会使谈话的氛围变得沉闷。

因此，如何让对方畅所欲言，从而体会到表达的畅快感，是交谈的重要技巧之一。

谈话不同于演讲。成功的谈话需要调动每个人的情绪。谈话中，如果只是自己兴奋，会使气氛变得僵硬。

假设眼下讨论的话题是你最大的爱好卡拉OK。但你没有表现得过于兴奋，而是抑制住激动的心情，把表达的机会交给了对方。

"你最近去KTV都唱什么歌？"

"说起K歌，我们公司最近要举办K歌大赛。请了专业的制作团队和裁判，据说会是很正式的比赛。我想抓住这个机会好好表现，为此上上个月开始请了老师来练习。"

让对方畅所欲言才能营造出好的谈话气氛。

表达让人心情舒畅，倾听让人感觉疲惫。

因此……

要给对方说话的机会，调动对方的情绪。这样才能让气氛热烈，给对方留下好印象！

❸ 恰当的附和让你成为好的倾听者

附和能够创造交谈的节奏感。要做到让对方畅所欲言，仅仅倾听是不够的，适时的附和也非常必要。

附和被称作谈话的润滑剂。必要时的附和会让对方感觉心情愉快。试想我们在说话时，如果对方始终毫无表情且默不出声，我们会作何感想呢？一定会感到很不舒服，不想继续说下去。这就如同对着电话留言，之所以没有说话的欲望，是因为没有得到即刻的回应。

擅长谈话的人会借助附和让交谈变得富有节奏感，从而带动现场的气氛。

什么是适时的附和？

谈话中的"附和"就像铁匠在打对锤，时机和节奏非常重要。但许多人对此不得要领。

很典型的表现便是在对方说到最热烈的关键时刻，却用催促的口吻打断对方。

"嗯，嗯，嗯，确实，的确，然后呢？接着发生了什么？"

这样的附和会让说话人感觉压迫感，不能平静地表达。

附和时，要找到对方说话的停顿位置，在对方说话的间隙恰如其分地附和。漫画家非常重视交谈中的微妙之处。据说他们会一边看着电视或听着广播，一边跟着练习附和。

通过练习，每个人都能掌握自己的节奏。

掌握附和的窍门，让自己做一个合格的倾听者

① 赞同对方的观点

"是啊""确实如此""嗯""所言极是"等

② 简短地表达自己的观点

"太了不起了""你付出了不少努力吧""这的确让人生气""这可不是小事情""下次一定叫上我""一定很好吃吧"等

③ 发问

"你说什么？""所以是说？""真的吗？""真难以置信""那怎么可能呢？""你不是开玩笑吧？"等

④ 询问事情的发展

"然后呢？""然后发生了什么呢？"等

⑤ 略微表示惊讶

"不可能吧！""你是说真的吗！""太厉害了吧！""还真有那样的！"等

⑥ 换种表达表示赞同

"现在经济形势不好啊！"等

❹ 倾听的魅力

倾听拉近彼此距离

倾听会使我们和对方产生共鸣，并因此拉近交谈双方的距离。但同样是"听"，方法不当可能会有不同的效果。

让我们一起来看看"听"和"倾听"的差异。

"听"是说"能听到对方在说什么"，并不投入感情。这种被动的接受往往只是经过耳朵，不走心。

而"倾听"则是指集中注意力，认真地听。"倾听"注入了自己的情感。

这两种不同的方法给予对方的回应，会带来两个截然不同的效果。

"最近我开始打高尔夫球了。"

"是吗？"

这样的回应会马上结束这一回合的对话。

再来看以下启发性的回应方式。

"是吗？高尔夫球场贴近自然，空气好，是让人放松心情的好去处。怎么想到开始打高尔夫了呢？"

"这个啊，其实是源于今年春天体检时候，医生说我太胖，可能会患上一些肥胖疾病。同事们知道以后就把我拉到了高尔夫球场。不过从那以后，身体再没出过问题。"

只有认真倾听才会产生共鸣，才能做出有意义的回应。

这样的回应，才会引起对方的兴趣。人们常说"倾听是爱的开始"，倾听会让对方感觉到善意和友爱。

听话要听完整

倾听很重要的一点就是要完整听完对方的话。可能你会觉得这是理所当然的事情。但事实上，许多人都做不到这一点。你也可以试着回顾一下自己是不是做到了。

你是否能完整听完对话的话呢？是否会打断对方抢话说呢？

说话时被人打断，你会是什么心情呢？会感觉在最兴奋的时候被浇了冷水吧。

此外，插话也不是个好习惯。

"我最近想减肥，所以开始跑步了。男友老嚷嚷着让我减肥，真讨厌死了。话说你——"

"我吗？我不用减吧。"

"不是说你啦，我是说你妹妹，身材真好。"

这个例子中，后者没听完整对方的话导致理解有误。

姿势和表情会暴露自己

我们是否在认真倾听对方，这些会在姿势和表情上有所表露。

对方在说话时，听话人如果有看表、眼睛左顾右盼等小动作，就容易让交谈中断。

试着回想你在和恋人、客户交谈时，是怎样的姿势和表情。为了不漏掉对方的谈话重点，是不是会微微探出身子呢？听到重要的部分，是不是会严肃地看着对方的眼睛、甚至嘴巴，同时默默点头呢？

从这一点出发，对于听话人，如果让说话人在说话的同时，还在担心"他是否在认真听我说话呢"，这是听话人的失职。

认真听和不认真听都会在姿势和表情上有所体现，这些信心都会让对方察觉到。因此，为了让对方能够专心表达自己，听话时一定要专注、认真。

听懂对方话中的含义

谦虚自古以来都是一种美德。因此，我们往往不会直接表达自己的意愿，通常会委婉地、间接地表达自己的观点。

"你肚子饿了吗？"

"我不饿。"

"你是说今天的计划吗？今天也不是说不忙……"

"那今天几点去拜访您合适呢？"

上面两个情境中，后者的回答是听话只听表面的典型表现。很显然，这里说话人的真正含义其实是"想吃饭""今天没空"。对此，我们应该这么回应。

"啊，果真到了饭点儿了。我知道有个地方不错，要不要一起去看看？"

"这样啊。那改天我再去拜访。"

只有听懂对方的真正意图，才能实现真正意义上的沟通，交谈才能顺利进行。

❺ 找到和对方的共同点

共同点会让对方感觉安心

如果能在交谈中发现和对方的共同点，那便是到了调动气氛的最好时机，一定要借此打开话题。

"说来惭愧，我不会喝酒。"

"是吗？那太好了，我也喝不了，就连前阵子老家带过来的梅子酒，都能把我给喝趴下。"

"我也是，威士忌酒心巧克力都能让我上脸。"

"这要换了我，没准儿红得更厉害。"

在这个情境中，后者抓住了"不能喝酒"这个共同点，很自然地展开了后面的对话。愉快的对话加深了双方的情感。

人会把与自己有共同点的人视为"和自己相似的人"，而对和自己不同的人抱有警戒心理。发现对方身上的共同点让我们感到安全，能够拉近彼此距离，从而在交谈时敞开心扉。

因此，尤其是在和初次见面的人或不熟悉的人交谈时，要尽快地发现和对方的共同点，这样才能迅速展开对话。

"您的姓挺少见的，您是哪里人呢？"

"我是冲绳人。"

"是吗？太巧了！我家是冲绳宜野湾的。您是冲绳哪里呢？"

"我家在名护市的喜濑。"

"知道知道,我去过那儿好几次呢。"

来自同一个地方,这一点会让原本陌生的人顿时像十多年未见的好友一般亲近。

在此列举了容易发掘共同点的常见话题,希望大家能把这些话题很好地融入谈话,并在其中发掘彼此的共同点。

容易挖掘到共同点的话题

- 家乡、母校
- 兴趣、爱好
- 兄弟姐妹(都是长子或幼子等)
- 常去的店
- 喜欢的运动
- 工作
- 当前住址
- 共同的朋友
- 常坐的地铁线、车的品牌
- 烦恼

---

❻ 懂得幽默,善用幽默

真诚最重要

幽默和笑声往往具有神奇的魅力,在交谈中,幽默要比枯燥的语言表达有魅力得多。幽默是爱和善意的表达,因此,幽默和笑声能让彼此更加亲密。

然而，要想对方以笑声回应自己，首先自己要能够懂得别人的幽默，并及时地以笑声来回应。

"你不知道，我昨天糗大了。翻箱倒柜地找眼镜，找得焦头烂额，结果发现眼镜就戴在自己鼻梁上……"

"哦，这样。"

在这个例子中，后者完全不懂幽默，面无表情地回应对方的幽默，导致气氛顿时冷却。这种对幽默无感的人，也无法用幽默取悦别人。

"最近我老婆总是晚回家，我故意气她说：'你再回来这么晚，我就跟别人好了？'你猜她怎么说？她居然说：'即便是你想出轨怕也没人想配合，我不怕。'真气死我了，于是就激她：'我在外面也很受欢迎的好不好，你不知道我光拒绝她们就有多麻烦。'这可恶的女人居然说：'你是在快餐店受"欢迎"吧！'真气死我了！"

听了上面一大通话，你可能会想"这都说的什么乱七八糟的呀"。这样是不对的。宽容的人会发自内心地笑着回应对方。只有这样，你才有打动别人的资格。

如何才能变得幽默

① 没有幽默感的人

"你幸福吗？" "我姓曾。"（任意谐音梗笑话一则）

② 无法取悦别人（接①）

③ 诚恳地以笑声回应对方的幽默，是变得幽默的第一步

培养幽默感

幽默没有国界，是交谈时的润滑剂。在日本，语言游戏"双关语"非常受欢迎。

"好久不见，您身材还跟从前一样好。呀，领带（Nekutai）真讲究，好看。"

"托您的福。身材（Nekutai）没走样。"

*Nekutai是领带的意思，和肉体发音相近，在这里有谐音的效果。

这是一则典型的双关语笑话。只是双关语不宜在一次对话中过于频繁地使用，否则会起到相反的效果。

此外，夸张地描述和表达也会起到幽默的效果。虽然幽默感并非一朝一夕可以练就的本领，但是可以通过不断的观察和效仿那些有幽默感的人逐渐培养出来的。

❼ 练就读心术，控制谈话方向

读懂画外音

"车站附近开了一家牛排店，今天一起去吃吧。"

"是吗？倒是可以去，不过今天人会很多吧？"

"还好吧。你是不是不太想去啊？"

"也不是不想，我担心去那儿吃完时间就太晚了。"

"怎么会？吃个饭很快的嘛，你有别的安排吗？"

"那倒也没有。只是今天有球赛直播。"

在这个谈话中，后者犹豫不决的根本原因其实是想看球赛直播。因为不好意思直接说出来，所以才显得拖泥带水。

如果在他说"倒是可以去"时，前者能看穿他的心思，帮他做出下面这样的安排，他也就能安心一同前往了。

"你不太方便是吧。啊，对了，今天有球赛直播，你是不是想看直播啊？没事的，咱们现在去吃，可以赶在球赛开始前回到家的。"

"察言观色"这个词本身有一定的贬义，但用在交谈中，只有时时留意对方的心思，才能够很好地掌握对话的方向。

如果对刚跟女朋友吵架而郁郁寡欢的朋友这么说：

"咳！你这一看，八成就是工作被竞争对手给抢去了。这回搞砸了吧？这么重要的事情，你还掉以轻心，这大家可都看得出来！"

关系再好的朋友也要被激怒吧。

不仅是重要场合，任何形式的交谈中，都要十分留意对方的心理状态，投其所好地说话。那究竟如何揣测对方的心思呢？

面部表情折射出我们的内心。对方的心思会在说话、表情、态度和行为等方方面面地表露出来，并随着时间和场合发生变化。

"察言观色"时，最重要的信息来源便是眼睛。俗话说"眼睛是心灵的窗户"，眼睛会暴露我们内心的真实想法。慈爱、热情、恳求、逃避、愤怒、冷漠和正义感等所有的心理状态，都会在眼睛里有所展现。

胆小的人不敢正视对方的眼睛，这会非常可惜。这样可能会误读对方的真实想法。因此，在交谈时，要下意识地通过注视对方的眼睛揣摩对方的内心。

眼睛之外，便是眉毛和嘴唇。人的眉毛和嘴唇也会表露出我们感情的变化。这些面部表情能够呈现出语言背后的真实自我。我们在观察对方的同时，也被对方观察，而拥有稳重、友爱的内心就无须有任何担心。

如何读懂对方的表情

说话时坐立不安，视线飘忽不定，表示对方想要马上结束谈话。此时如果我们还滔滔不绝，就会被认为"不懂得察言观色"。而说话时眼神坚定地看着对方的人，则是真诚地希望对方认真倾听自己。看懂了这些表情信号，就能够很好地掌握局面。

以下这些表情很可能说明对方的一些问题：

摸鼻子，摸嘴唇，不自觉地摸脸颊，多半是在撒谎。

频繁地变换姿势，忽而并腿，忽而分开，显得坐立不安，说明心思早就不在这儿了。

❽ 避免说话时喋喋不休

爱说话并不代表擅长说话，"喋喋不休"往往是谈话的大忌。

"我要跟你吐槽地铁边上的那个餐馆。我前两天去了一次，真不想再去第二次了。餐馆里人多得要命，我等了1个多小时才排到位置。而且有好多带小孩的人，小孩子在餐厅跑来跑去，大喊大叫，特吵。坐位间隔又特狭窄……"

"服务员的态度还很恶劣，点菜时候一直在旁边催。米饭呢，硬邦邦，口感不好，还特贵，真是毫无可取之处。"

喋喋不休的人通常以自我为中心，说话时随心所欲、无所顾忌。因此他们在说话时不知道停顿。像上面的这个例子，乍看来，貌似气氛很热烈，但实际上只是两个人各说各话，完全没有互动。

为什么会是这样的情形呢？因为说话的双方都不想听对方的长篇阔论。这样的人不被人们喜爱，人们对他们总想要退避三舍。

所以爱说话、说话时滔滔不绝并不代表擅长说话，这当然也不是调动谈话气氛的正确方法。

交谈不同于喋喋不休的自我陶醉，交谈有明确的目的。日常生活的交谈是为了加深和对方的感情，那就需要让对方心情舒畅、感觉"跟这个人聊天真让人开心，希望以后还能再聊"。

只有让对方产生好感，才算得上是擅长聊天。

不适合讨论的话题

人们在闲聊时经常会聊起流言、别人的坏话、抱怨、大话、政治或宗教话题等。

"据说小A家婆媳关系很紧张啊。"

"是吗？表面还真看不出来。昨天我在超市碰到她家婆婆还聊了一会儿，看她笑眯眯的，感觉人很好呢。"

"我们两家不是邻居嘛，所以看得明白。昨天夜里11点多，先听到婆婆好大声在发火，然后就听到儿媳很大声地在说什么，紧接着就听到什么东西摔碎了的声音。想必是闹得很凶啊。"

这样的谈话乍听起来感觉两人聊得很热烈，但这些话很快会在街坊之间扩散开来，也会传到话题中的当事人耳朵里。甚至是谁说了哪些话等等这些细节也会被当事人知道。

听到别人说"那个人可小气了，什么都要算清楚"，哪怕我们只是应了一句"是吗"，传到当事人耳中，很可能就被指认成"他说你小气、爱算计，可要防着他"。

抱怨和自满的话会让听话的人感到厌烦，政治和宗教话题很可能会由于价值观的差异引发争执。

上面这些话题会产生不好的影响。因此，我们首先要做到自己不主动提起，同时在对方发起这样的话题时，要智慧地转移话题。

第九章 **CHAPTER 9**

提问的技巧

1　提问是延伸话题的手段
2　提问的技巧
3　提问的禁忌
4　什么样的话题能让对方兴致勃勃
5　商务谈判中的提问技巧
6　交谈必杀技:"提问+积极正面的反馈"

① 提问是延伸话题的手段

和上一章中介绍的"倾听"不可分割的便是提问。恰当的提问会点燃谈话的气氛。

"我十年前失业的同时也离了婚,从那之后一直是自己抚养三个孩子,所幸孩子们都很听话。"

"那您真是辛苦了。"

这样的对话看起来理所当然,但对话在这里也画上了句号。

提问是要问对方内心之所想

这个问题你怎么看?

我认为——

(终于能说出来了)

谈话由此延伸开来。

"这样啊,我无法想象您的艰辛,一定吃了很多苦吧?"

这个表达则将话题引向对方的辛苦,谈话开始变得丰满。

抓住对方想要表达的话题点,通过提问将谈话朝对方期待的方向引导。这样对方便能够畅所欲言。

"你上周没来上班,是出了什么事吗?"

"没事,我去旅游了。"

"没事就好。你去哪儿旅游了啊?"

"我去了夏威夷。"

"哇!夏威夷啊,真羡慕。现在刚好是去夏威夷最好的季节,玩得很开心吧?"

"嗯。这个时候去夏威夷的人不多,可以悠闲地游泳、购物。宾馆的价格也比较便宜,而且夏威夷的服务也让人难忘。"

这个对话中,后者最初有所保留,只是回答被问到的问题。随着提问的深入,逐渐变得兴奋。

许多人在说话时会克制内心的表达欲望,这就需要有技巧地提问来引导。恰当的引导会让谈话气氛变得活跃,给对方留下好印象。

❷ 提问的技巧

5W1H 提问法

交谈中的提问不是随心所欲地发问。好的问题能够点燃对方的热情,不好的问题则能让谈话陷入僵局。那什么样的问题可以称作好问题呢?

首先,提问和常规的表达一样,要简洁、明了。问题太过冗长,会让对方难以捕捉重点。对此不好把握的人可以试着将问题写在纸上，归纳成短句，然后将问题进一步明确。

想要得到好的回答，就要做到精练、直接。即明确"5W1H"事项（何时、何地、何人、何事、何原因、如何）。明确了5W1H，也就明确了问题的核心，并由此展开对话。

提问要围绕对方

提问的原则是要围绕对方展开提问，最好是围绕对方关心的话题。

下面的对话便是很好的例子。

"我听小A说起你在去年的东京马拉松比赛中获得了很好的成绩，而且创下了很不错的纪录。跑完全程一共用了多长时间呢？"

"也不是多好的名次啦。全程一共用了3小时18分钟，但对于我个人来讲是最好成绩。"

"哇，好厉害！你练习了多长时间才能跑出这样的成绩啊？快说来听听！"

与此相对地，如果问题本身迎合了对方的兴趣，但跟对方毫无关系，此后的对话也许能够持续，但很难点燃对方的热情。接下来的这则对话就是这种提问方式的典型表现。

"我非常注意锻炼身体，所以最近开始每天坚持跑步。我想挑战一下今年的东京马拉松，你觉得怎么样？"

"是吗……"

唯有围绕对方展开提问，对话才能顺利进行。

赞美的力量

"你喜欢登山吗？我特别喜欢登山……"

"你说什么？"

唐突的问题会让对方感到无所适从。因此，提问之前要考虑到对方是否易于作答，是否能够有利于对话的展开。比如，如果能在问题中加入对对方的称赞和体恤，有意地引导对方敞开心扉，会使对方更加乐于回应。

"听说您一直尽心照顾二老，您和夫人一定很辛苦吧？真是太难得了，一定很费神吧？"

"你应该对市区的道路很熟悉吧？我就不行，一开进市区就完全没了方向感。你开了好多年车了吧？"

类似这样的提问方式谁都不会抗拒，这是因为称赞和体恤会让对方卸下心理防线。

即使是不太好开口的问题，如果在问题前面稍加一些感情的铺垫，也会让对方变得想要回答。

什么样的问题会让谈话陷入僵局

① 强迫性问题

"我坚决不同意这次的修改提议，你怎么看？"

这种提问会让对方感觉很难说出不同的意见。如果想要听取诚恳的意见，不要把自己的观点置于问题之前。

② 连续问多个问题

"你喜欢滑雪吗？最近有跟着教练学习吗？练习的时候是不是摔了很多次？"

一次问一个问题。

③ 问题不明确

"现在的电影演员都跑去演电视剧,时尚模特跑去上综艺节目,你有没有觉得到电影院看电影的机会变少了?看电影和看电视剧到底有什么不同呢?"

这样的问题让对方困惑。提问的内容一定要重点明确。

④ 无视对方的回答

"你的家乡在哪里呢?"

"青森县的八户。"

"现在的年轻人边走路边吃东西,完全不觉得有失礼仪。"

开始新的话题之前要有过渡。这则对话里,可以在对方回答之后说"你家那边很冷吧"。

⑤ 问题过于宽泛

"你觉得世界经济在未来会怎样发展吧?"

问题过于宽泛会让对方难以作答。需要将问题具体化。

❸ 提问的禁忌

不恰当的提问会让谈话陷入僵局。糟糕的气氛不仅无法让对话持续下去,会让谈话双方都想要尽快结束对话。

每个人都有希望得到对方认可的自尊心,害怕自尊心受损。因此,伤害他人自尊的提问会破坏谈话的气氛。此外，我们在电视上经常看到媒体会对政治家提出很多尖锐的问题，这样的提问方式在日常对话中应该回避。

下面为大家总结了那些会阻碍沟通、破坏人际关系的禁忌问题，希望大家能引以为戒。

伤害他人的问题

将对方与他人作比较

"据说比你晚进公司的小A总是拿销售冠军，你是第几名啊？"

"你身材这么差，你朋友小A身材怎么那么好啊，跟模特一样！"

质疑对方的能力

"你进公司12年了吧？现在是课长还是部长啊？"

"这个工作太简单了，小学三年级学生两个小时就能搞定！"

高高在上的提问方式

"跟你不一样，我们管理层从早到晚想的都是工作上的事情，你懂吗？"

与身体缺陷有关的问题

"你的腿是不是有问题啊？能再走快点吗？"

配偶的家人

"你爸真粗俗，说话怎么那样啊？"

"你姐姐是不是嫁不出去了啊？她以后怎么打算的啊？"

以恩人自居

"那个时候，要不是我帮你，你会怎么样？"

"你真的发自内心地感激我吗？"

> **不合适宜的问题**
>
> （早晨，刚上班，在办公室）
>
> "科长，你喜欢哪个棒球队啊？"
>
> "今天下班后要不要一起去喝一杯？"

选择式提问不能引发长效互动

"你今天跟爸爸一起来的吗？"

"（点头）……"

"好吃吗"

"（点头）……"

我们在跟小朋友聊天时，如果这样问问题，小朋友一般都只是点点头，不说话。为什么不说话呢，因为答案只能是"是"或"不是"，问题本身不需要他进行更多的表达。

这同样适用于成年人之间的对话。

提问的目的是希望跟对方有更多的互动，而正如下面这个例子中展示的，只需要对方回答"是"或"不是"的问题无法引发长效互动，因此并不适宜在对话中过多地使用。

"你今天是乘坐新干线来的吗？"

"是的。"

"你今天晚上住东京吗？"

"是的。"

"你和夫人一起来的吗？"

"是的。"

而同样的问题换一种问法,就会有完全不同的效果。

"你坐什么车来的东京啊?"

"早上第一班的新干线。"

"是吗?那一定起得很早吧?准备在这边待多久呢?"

"准备后天回去,今明两天就住东京了。"

上面这组对话中采取了开放式提问,较好地引出了对方的回答。要做到这一点,只需要充分遵循前面提到的"5W1H"法(何时、何地、何人、何事、为何原因、如何)。

此外,在问题中稍稍铺垫自己的想法,会帮助对方理解问题,把握回答的方向。

不可连续抛出新问题

"你喜欢吃西餐还是日本料理呢?"

"可能是上了年纪的缘故,现在更喜欢吃日本料理了。"

"那你也一定喜欢喝清酒吧?"

"那倒没有,我更喜欢喝烧酒。"

"为什么喜欢喝烧酒呢?"

"有阵子身体不太好,从那之后就开始喝烧酒了。"

"身体怎么不好了呢?"

"嗯……那个……"

在这组对话中,前者如同警察审犯人一般刨根问底,只会让对方感到厌烦。

因此,提问要基于对方的回答而延伸开来,不能连珠炮似地不断地抛出新问题，这会给对方造成压力，从而退缩。

基于对方的回答进一步延伸出新问题时，需要对下一个问题先做铺垫，实现自然地过渡。

"你喜欢西餐还是日本料理呢？"

"可能是上了年纪的缘故，现在更喜欢吃日本料理了。"

"同感同感，我也是这样。现在正是吃火锅最好的时候。日本料理还是有很多经典美味的。说起日本料理，自然要提到清酒，你喜欢喝清酒吗？"

问题不可太过唐突

和接连不断地抛出新问题一样，过于唐突地发问也会让对方感觉不快。陡然问对方"这附近哪儿去看红叶啊"，会让对方猝不及防，无以作答。

在前面我们列举了一些会让对方乐于作答的问题，同样需要注意的是，在提出问题之前，需要对事情本身进行简单说明，为后面的提问作出铺垫。

"到了赏红叶的季节了，这附近哪里的红叶最漂亮呢？"

"您永远都看起来精力充沛，是有什么保养秘诀吗？"

"最近天气一直很热，你晚上休息得好吗？"

"我们公司效益不好，真让人发愁啊，你们公司怎么样啊？"

也就是说，我们在提问时，不能直接抛出问题，而是需要在提问前先切入主题，且这些提问前的铺垫要能够引起对方情感上的共鸣。

例如，在问对方"你还在忙吗"之前，先表达自己对天色已晚的感概，"时间过的真快，天马上要黑了"。对方接收到这一感慨之后，会很乐意表达自己的同感："最近每天忙得焦头烂额，都忘了时间了。不过为了过年时能轻松一些，我要继续加油。"

交谈很重要的一点便是彼此都能从对方的回应中找到共鸣。

这样的交谈才能开启心灵的对话。

❹ 什么样的话题能让对方兴致勃勃

对方最想说的话

你在看集体合照时，最先看的是什么呢？我想一定是自己在哪儿，自己照得好不好看吧。

人们最关心的就是自己。

引起对方的关注是人的本能欲望。无论是小孩，还是成年人，都希望被他人关注、关心。正是出于这个原因，有些人在说话时很容易以自己为中心。

其实对方也希望你表现出对他的关注。如果你的话题总是围绕自己，跟他没有任何关系，当然不会引起对方的兴趣。

也就是说，讨论和对方相关的话题，会激发对方的热情，谈话就会充满互动，而不至于变得只是一个人在说话，另一个人百无聊赖地听。

那什么样的问题会引起对方的兴趣呢？首先是对方擅长的和引以为豪的事情。这些话题会让平时很谦虚、很少表达自己的人也兴致勃勃。

"您的侄子今年5岁了吧？真可爱。"

"听说您喜欢到海上钓鱼，还曾经在三宅岛钓上来一只好大的鲷鱼，那只鲷鱼得有多大啊？"

"据说你们公司在印度也有相当的市场占有率，我记得印度市场是您带领团队开拓的，最初一定遇到很多困难吧？"

如果对方问起了我们希望被人关注的事情、引以为豪的事情，或是想让别人知道的事情，无论是谁，一定都很乐于回答。

这样的考虑便是站在对方的角度，为对方着想。

而要真正地学会站在对方的角度提问，这个人首先要对人有爱心，尊重自己的谈话对象。人们对于自己喜欢的人，总是想要多一些了解。而看到自己被关注，也是令对方非常开心的事情。

这样才能让对话进入一个良性循环。

最好准备工作

想要在对话中了解对方对什么事情引以为豪，又对什么事情有难言之隐，就需要提前做好准备工作。

这些准备工作是指提前通过妥善的途径，收集对方的爱好和喜恶。然后将这些信息自然地融入谈话当中，不能有明显的痕迹，让对方感觉被调查。这样才会在谈话中问起这些问题时，让对方感觉欣喜，从而高兴地回应。

❺ 商务谈判中的提问技巧

关键问题的提问时机

工作中我们常常需要为了获取某些信息、打听对方的真正意图,而与对方交谈。这时,同样要注意在提问之前作必要的铺垫。

"最近开工率怎么样?有50%吗?"

"不啊,开工率很高的。"

这个对话中,前者抓对了对手公司的销售员,想要探听该公司的销售情况。而直截了当地表明意图之后,对方会非常警觉,表现得非常不合作。

这是因为提问的时机不对。最核心的问题,需要在双方相谈甚欢、都能够畅所欲言的情况下提出。只有在这种情况下,对方才会如实地回答问题。

"今天我开车来的。平时不是堵车就是不好停车,一般都要一个半小时才能到。今天路上和停车场都空空荡荡,半个小时就到了。"

"是吗?那还挺顺利的。"

"要平时也这样就好了。不过最近油价上涨,开车的人确实少了一些。但仅是油价上涨,也不至于有这么大的影响。可能还是因为最近经济不景气吧。"

"应该是的。我们公司的成交量也比去年少了许多。"

"果然。兄弟公司也都感叹今年的开工率下降了不少。"

"是吗？我们公司形势也严峻得很呢！"

有经验的销售员都非常擅长营造气氛。上面的对话中，前者在聊天中主动与对方分享自己和兄弟公司的苦恼，努力让对方感受到自己的诚恳。而对方在听到这些苦恼之后，会感觉"啊，原来不只我们一家公司是这样，大家都不好过"，于是消除了戒备心理，从而也能诚恳地回答提问。

如何让对方更好地回答

"经理，这次的计划，你看A、B、C哪个方案更好呢？"

"唔，哪个好呢？"

东方人往往比较含蓄，大家都不愿意轻易表明自己的态度。在表达自己的看法时会在内心揣测别人对这件事情会怎么想，种种顾虑之下不能得出自己的结论。这通常会导致谈话停滞不前。这时，为了让回答问题的人没有太多的顾虑，只需要在提问时加入一个缓冲即可。

"经理，这次的3个计划中，三个项目负责人都从成本控制的角度认为B计划做得最好。您看呢？"

"是的，我也认为B计划最好。"

这个对话中，没有像上个例子一样只是抛出一个问题，而是加入了"项目负责人认为"，由此让回答的一方能够更容易得出自己的结论。这个方法对于那些难以做决策、优柔寡断的人非常有效。

如何引导对方回答问题

我们还可以在提问中引导对方回答问题。

"这次的温泉旅行，你是坐地铁去，还是开车呢？"

"还是开车吧。"

"开车的话可以欣赏沿路的风景,不过就怕路上堵车。"

"是啊,现在刚好是赏红叶的季节,真担心路上堵车。"

"这么说来,我还真有一个朋友前几天开车去泡温泉,路上遭遇大堵车,原本4个小时就能到,结果用了8个小时。到宾馆就只能洗洗睡了。"

"难得的假期全耽搁在路上就没意义了。这么说的话,这次还是坐地铁去吧,时间上更有保障一些。"

"是啊,这样稳妥些。"

这种提问方式是心理咨询师们最常用的手法。不强加自己的意见,而是给对方更多思考空间,同时朝着自己希望的方向引导对方做出结论。

这种方式乍看会感觉在绕圈子,但我们为何要采取这种方式呢?因为人本能都向往自由,不喜欢被束缚。会对"你要这样做"等来自外界的要求产生本能的抵触。

以这个对话为例,如果你一开始便说"坐地铁比自己开车好",对方也许会产生抵触情绪。但如果提出问题,让对方自己考虑、权衡并做出决定,就更加容易达到"坐地铁去"的目的。这是因为人们对自己的想法和决定会更加积极地采取行动。

这种提问方式在工作中使用会非常有效。

掌握心理咨询师的提问技巧

① 不说自己的意见和想法

② 以提问的方式,告诉对方他所没有考虑到的方面和可能性,让对方自己思考后做判断

> "是不是还会……"
>
> "会不会还可能……"
>
> "……会怎样？"
>
> ③ 借他人之口，说出我们的想法

❻ 交谈必杀技："提问＋积极正面的反馈"

只是提问无法让谈话深入

提问之后，如果对方表现出"兴奋的反应"，就表明这是个好机会。需要抓住这个机会挖掘更多的话题，迎合对方兴奋的情绪，拉近彼此的距离。

"你喜欢运动吗？"

"还行吧，倒是不讨厌。"

"我有时打打网球，你打网球吗？"

"也就随便打打，打不了比赛。"

"是吗，那你玩儿冲浪吗？"

"喜欢冲浪，水平不高，但是很享受。"

"享受是最重要的。你都去哪儿冲浪呢？"

"前阵子去了夏威夷。那儿真的非常棒！"

对话中需要不断地提问和评论：

"能不能说得具体一些呢？"

好问题！

"太让人羡慕了！"

好评论！

这样对话才能保持在兴奋状态。

在上面的对话中，在聊到冲浪以后，对方开始变得主动。这时要抓住机会挖掘更多的话题。同时不能只是提问，要给予对方积极、正面的反馈。这样就再也不用担心谈话会卡壳了。

"真的啊？你去夏威夷玩儿冲浪啊？你一定玩儿得很开心！你一定能站在浪上吧？"

"也没有啦，不过真的很开心。那里聚集了来自全世界的冲浪爱好者，我还结交了朋友，回来之后还保持邮件联系。"

"太让人羡慕了！运动无国界啊。"

仅仅是提问，并不能维持双方的互动。只有在对方回答之后，给予积极、正面的反馈，才能产生下一个问题，这样才能促成良性互动的谈话节奏。

第十章 CHAPTER 10

打开对方话匣子的 33 个关键词

这些话题让你一小时畅谈不断

这些话题让你一小时畅谈不断

很多人都经常感到在交谈时捉襟见肘。不仅是面对初次见面的人,即使是面对熟悉的人亦是如此。

最主要的原因是找不到话题,谈话陷入僵局。许多人在这种情况下,虽然非常想打开僵局,但是苦于找不到话题,只能看着气氛变得越来越凝重。这样非常不利于改善人际关系。

因此,为了挽救冷场和谈话中断,下面为大家介绍有助于打开话题的33个关键词。

打开话匣子的33个关键词

话题1　旅行

"秋天到了,现在是旅行的好季节。你最近有去哪儿旅行的计划吗?"

"最近通货膨胀,国内旅游不划算,现在最适合出国游吧。你应该经常出国,那么对这次的日元升值会很有感触吧?"

要点:我们都会对旅行有种种美好的记忆。可以从自己的旅行经历出发，吸引对方加入话题。当然，愉快的话题还要加上愉快的表情。

话题2　愉快的经历

"我家有个正在上幼儿园的女儿。前几天万圣节，女儿假扮成森林公主，兴奋得不得了，从万圣节前一天开始就穿着公主的衣服不肯脱。第二天不只上幼儿园，在外面也一直穿着那身衣服，还加入了变装游行的队伍，好玩极了！"

要点：如果只是说"万圣节好玩"，对方很难了解到有多好玩。因此，需要尽量具体地描述好玩的场景。此外，需要抓住时机，马上让对方聊他最近经历的开心事。

话题3　交通工具

"前几天带亲戚家的小孩去游乐园。他非要坐过山车，没办法就带他一起玩了。其实我有恐高症，简直怕得要命，从那么高的地方那么快地冲下来，我下来以后腿都软了。真是宁可死都不要再坐过山车了。"

要点：配合面部表情和肢体语言来讲述你的体验会更加生动。如果对方有所反应，一定要立即让他讲述自己的体验。

话题4　汽车

"最近的新车装备太赞了。我了解了一下倒车雷达。现在挂上倒车挡之后，摄像机就能把车后的情况展现在眼前。这技术变得越来越高级了。"

要点：男性大多都喜欢车。讲述时要适当地提高音量，吃惊的表情也要写在脸上，这样才能营造气氛。如果这个信息是对方所不知道的，就能够吸引对方的注意；如果是对方了解到的，那么赶紧跟他交流下彼此的感受吧。

话题5　地铁

"东京的地铁线路越来越多了，的确比以前方便了许多。不过线路多了以后，经常记不住线路都是去哪个方向，经过哪些站。所以有时宁可绕远路，都要乘坐熟悉的线路。你有没有同感啊？"

要点：人们通常只对自己常坐的地铁比较熟悉。因此，这个话题一定能引起共鸣。赶快从这里入手把话题延伸开来吧。

话题6　飞机

"我特别喜欢坐飞机，感觉像是某种未知的世界在等着自己，每次都特兴奋。不过，我一个朋友就完全不喜欢坐飞机，就连去北海道都想坐地铁。你最近坐飞机了吗？"

要点：与喜欢坐飞机的人，可以就飞机上发生的各种趣事、飞机餐等展开讨论。与不喜欢坐飞机的人，可以就不喜欢的原因展开讨论。

话题7　新干线

"你经常去北海道吧？新干线马上要开到北海道了。如果开通的话，从札幌到青森只需要两个小时，很难想象吧？"

"你说新干线和飞机，哪个更实惠呢？"

要点：除非是那些不喜欢铁路的人，否则对于大多数人，乘坐新干线也不再是什么稀罕的经历了，因此，如果仅以新干线作为话题，可能不太吸引人。但如果有新的信息，对方则可能会产生兴趣。此外，如果对方是年长者，还可以问他对最早时期新干线的回忆等。

话题8　船

"我有一个朋友，每年年底都会和配偶乘坐豪华邮轮到欧洲旅行。据说费用高达1000万日元，游船服务极尽奢华。而且据说他们返回日本之后，必须马上预定下一年的游船，否则就订不上了。真让人叹为观止，简直不是一个世界的人！"

"前几天，我和家人一起去四国看阿波舞。回来的时候坐船去了鸣门看旋流。海上浪高，我们全家都晕船晕得厉害，简直要死在船上了，我们眼前都是各种旋转。"

要点：游船旅行是高端旅行体验，是大多数平民梦寐以求的事情。豪华邮轮就更是可望不可即。即使没有这样的经历，也会非常热衷。当然晕船的经历也非常有趣。

话题9　工作

"眼下经济不景气，你们公司怎么样啊？"

"现在的职场都是实力派当家。小A那样工作能力突出的人一定很有干劲吧？"

要点：工作相关的话题需要以对方为中心，而不是说自己的事情。如果不好以对方的角度来说，可以聊一些类似"职场上的沟通真难"这样大众点儿的话题。

话题10　兴趣

"听说你喜欢出海钓鱼，最近都去了什么地方啊？"

"你打高尔夫很长时间了吧？一般都去哪个高尔夫球场呢？"

要点：兴趣相关话题最好是围绕对方的兴趣。对于自己的兴趣，对方也容易有话题。如果和对方有共同话题，气氛会非常热烈。勇敢地展开话题吧。

话题11　自然风光

"前些日子，我看到了特别震撼的落日景观。燃烧的火球一般的大太阳在远方地平线渐渐地下沉，虽然只是很短的时间，但那种大自然的美给我很大的震撼。"

要点：说起自然风景，可以先从自己的经历开始聊。结合生动的表情更能吸引对方。语言也要尽量视觉化，"燃烧的火球一般""远处地平线"等，让对方能够如临其境。

话题12　故乡

"你家乡有什么特产吗？"

"你一年回几次老家呢？"

"踏上自己小时候生长的土地，真让人感慨万千啊！"

要点：每个人都对自己生长的故乡有很多的回忆。可以先从对方的故乡谈起。声音要充满对遥远故乡的深深怀念之情。

话题13　家乡

"请问你老家是哪里的啊？"

"你老家有什么有名的地方吗？"

"你在老家生活到几岁才出来的呢？"

要点：如果老家在同一个地方，马上会有很多话题，也会变得亲近许多。

话题14　流行趋势、热点话题

"你这包包真漂亮！很配你今天的衣服，而且这图案在年轻人中很流行呢，时尚又显质地，真不错。"

"最近演歌貌似又开始流行了。果然日本人还是喜欢演歌的。记得有段时间电视节目里几乎看不到演歌，现在终于回来了，期待更多的演歌类电视节目。"

要点：只要是当今流行或热门的话题，都可以拿来聊。哪怕眼下流行性感冒正盛，也可以作为话题来交流。这类话题每天都会在电视上、报纸上被频繁提及，所以根本不愁找不到话题。

话题15　语言表达

"前几天在路边看到一个开着车的人吵吵嚷嚷个不停，知道缘由后不由得感慨语言的力量。同样的意思只是换种表达，就有可能激怒对方。"

"小A每个月的业绩都排第一。他不仅与客户的沟通能力强，而且人脉也非常广。看到他就让我感叹掌握良好的表达技巧是多么重要。"

要点：语言是我们每天都在用的东西，所以很容易引起共鸣。但在表达语言的重要性、困难等意思时，需要先陈述事实，这样才更有说服力。

话题16　见闻

"据我所知，您的爱人见多识广。即使是对初次拜访的客人，也能与对方聊得很投缘，仿佛一见如故。向她请教这其中的窍门时，她说平时在家就会积极地了解不同的事情，丰富自己的见闻，以便有更多的话题。比如，针对客厅里悬挂的画像，她会延伸到"读大学时就非常喜欢绘画，还曾经师从法国著名的画家学画……"

要点：每个人都喜欢别人分享各种生活中的小技巧、小窍门。试着积累这样的话题，给对方一些小惊喜吧。

话题17　感冒

"最近很多人感冒啊！平时工作忙的时候倒还好，一旦放松下来或者到了节假日就容易感冒。"

"感冒还是要引起重视。我一个朋友感冒之后没去看医生，结果发展成了肺炎，最后不得不住院治疗。所以还是要提防感冒可能引发的其他并发症。"

要点：许多人都认为感冒不值一提，但通过举例可以引起对方的重视。时间允许的话可以详细地介绍具体原因和经过等，让对方充分地理解和重视。

话题18　花粉过敏

"又到了花粉过敏高发期。我因为是过敏体质，这段时间眼睛痒，鼻塞，所以只能靠嘴呼吸，到了晚上几乎没办法入睡。晚上睡不好第二天就完全没精神，整个人都变得呆滞了。"

要点：许多人都对花粉过敏，因此这是个"同病相怜"的好话题。谈话时可以尽量让对方分享他的烦恼和应对方法。

话题19　朋友

"你那个前几天跟我们一起去打高尔夫球的朋友小A最近怎么样？"

"听说你的朋友B先生要自己开公司了，他是做什么业务的啊？"

"我的一个朋友是市政府的工作人员，每次一到选举，就要被拉去帮忙，据说特别辛苦。"

要点：这个话题最好是以对方为中心来展开。如果实在不认识对方的朋友或者同事，也可以聊聊自己的朋友。但要注意的是，在聊到自己的朋友时，如果和交谈的一方并不是很熟悉的关系，要注意不要太张扬，否则会让对方觉得有炫耀之意。

话题20　学校

"前几天我去参加了中学同学的聚会，那是我们毕业后二十年第一次组织同学会。时隔二十年，大家都沧桑了许多，几乎都认不出彼此了。不由得也感慨自己竟然已经到了这个年龄。"

"前些天我的小学100周年校庆举办了募捐仪式。百年校庆让人再次对这个有着悠久历史的学校肃然起敬。"

要点：在追忆小学、中学时期时，放慢语速、充满感慨的表达会让人产生共鸣。如果和对方的年龄相近，还可以聊下童年时期的游戏等其他共同话题。

话题21　职场

"职场的人际关系很复杂吧？你还应付得过来吗？"

"你们公司每天有早会吗？"

"职场上最重要的三件事是报告、沟通和谈判，为此苦恼的人可不少啊！"

要点：职场问题是每个人都有的聊的话题。可以先向对方发问来引出话题。如果对方反应热烈，大可以延伸到更多的层面。

话题22　运动

"你身材保持得不错，是经常健身吗？"

"在电视上看比赛还是很棒的，跟着比赛进程时喜时忧，很有悬念。"

"前几天我们公司举办运动会。但隔天我就全身疼得厉害，在家睡了一整天。看来平时还是要定期锻炼身体啊！"

要点：聊热门体育项目多数时候都能引发热烈的讨论。但需要注意的是，最好不要过早说出自己喜欢的球队名称。因为有可能你所喜欢的球队却是对方不喜欢的，而这种情况下，一旦情绪激动，就容易引发争论。此外，即使是不热爱运动的人，也可以关注下报纸体育版面的头条，这样不仅能加入到这个话题的讨论中，还可以成为自己的谈资。如果能记住运动员的名字和比赛内容就更能加分了。

话题23　子女

"你儿子明年就毕业了吧？现在工作定了吗？"

"听说你的宝贝女儿结婚了，恭喜恭喜。女婿是做什么工作的呀？你接下来就等着抱孙子了吧？"

"我女儿想去美国留学。可是她一个女孩子一个人在外面，我还真是放心不下。"

要点：子女的话题最好也围绕对方展开。如果要聊自己的子女，一定要注意观察对方的反应，并努力将话题的中心转移到对方身上，让对方参与进来。

话题24　家人

"前几天父亲节，妻子送了我围巾，女儿送了我领带，大儿子还请全家到烤肉店了吃了烤肉。平时总感觉大家各忙各的，彼此之间没有那么亲密，但这次让我觉得家人还是很团结的。"

要点：说到家人，总会有许多温暖的话题。但有些家庭也有各种各样的矛盾，一旦说起烦恼，难免会开始抱怨，聊天的气氛也会变得沉重。因此，在聊家人时，何不聊一些温馨的话题呢？

话题25　新闻

"今天发生一件大事，你知道吗？"

"世界杯决赛的结果到底怎么样啊？"

"这回的人事变动让人有点小意外呢。"

要点：听说"出了大事"，任谁都想问个究竟吧。除此之外，爱好运动的人都会对比赛结果非常关注。我们每个人都有对新事物、新鲜事的好奇心。不仅是对社会新闻，日常生活中的各种新鲜事也会引起我们的关注。因此，时常留意各种新闻和生活八卦，能增加聊天中的谈资，活跃聊天气氛。

话题26　时尚

"每到秋天，女人们都开始格外地爱美。"

"你身材好，所以70年代的怀旧风特别适合你。"

要点：女性朋友们都会对时尚话题非常关心。因此，如果同为女性，聊时尚准没错。聊得越具体，越能了解对方的品位和爱好，也才能让彼此更加投入。而男性朋友们聊女人们的穿着打扮，如果太过具体则容易引起误会，因此最好是泛泛地聊下即可。对方若为年轻女性，就更容易对时尚相关话题感兴趣了。

话题27　着装

"现在的年轻人，有三成都不会正正经经地穿衣服。有些学生穿着脏兮兮的破洞牛仔裤和皱巴巴的T恤衫，牛仔裤还松松垮垮，简直要掉下来，真是不堪入目。学生还是清爽、整洁，有个学生该有的样子才对。"

要点：近年来，年轻人穿衣不分场合的问题一直被人们热议。这虽然一定程度上能反映出年轻人的个性，但却让周围的人感觉不适。年纪略大的人都会对此深有同感，而同感和共鸣能让交谈顺利开展。

话题28　饮食

"你家有准备地震防灾用的食物吗？一直都有宣传说，要在家里常备能保证3天所需的食物，以防不测。这话说来容易，实践起来真有难度啊！"

"近来假冒伪劣食品和擅自修改食品保质期的案件频频被曝出，作为普通消费者真的很难分辨这些问题，还是要到有保障的地方购买才行啊。"

要点：民以食为天，因此饮食是大家普遍关注的话题。食品安全问题总能让人联想到它的危险后果，从而产生共鸣。

话题29　美味

"我知道有家超赞的日式料理店。它家的菜都非常健康，而且还不贵。因为是新开的，所以店里很整洁。你一定要去尝尝。"

"涩谷的明治大道有家叫'中岛'的拉面店。这家店菜单很丰富，样样都好吃，大家要不要一起去尝尝？"

要点：美食是人们最基本的欲望之一。因此，美食信息也是最难能可贵的信息。分享美食信息是很宝贵的美德之一。聊天时，看好时机，与对方谈谈美食吧。

话题30　烹饪

"以前人们常说女人要'上得厅堂，下得厨房'，而现在喜欢烹饪、擅长烹饪的男性也越来越多了。"

"我一个朋友的夫人非常擅长烹饪。在外面吃了好吃的，到家就能做出一模一样的来。真羡慕她老公啊！"

要点：最近电视上的烹饪节目里经常看到男性嘉宾。可见男人们对烹饪的关注也比从前高了。因此，现在烹饪已是男女都爱的话题了。如果对自己家的料理不自信，可以聊下朋友的手艺，听的人也会非常乐意倾听。

话题31　健康

"最近很流行步行健身。据说，为了保持身体健康，需要每天步行1万步。我也开始每天早上提前一站下车，步行到公司，但距离一万步还差得远。要真正做到一万步还真不容易啊！"

"我的生活方式非常不健康，暴饮暴食、熬夜、抽烟、不运动，但身体还算好。"

要点：每个人都希望健康、长寿、幸福、安乐。但内心却不喜欢被痛苦的健身训练和强制性的每日练习所束缚。这类话题更受年长者的青睐。

话题32　住宅

"我眼看着就要退休了，索性在郊外买了一栋花园洋房。但这房子贵得很，我拿出了全部的退休金也还是不够，最后只能和儿子一起买下，两代人一起住，房子贷款也办了两代按揭，这样月供压力就小了许多。两代人一起住也还算和乐。"

"现在的公寓房设备越发先进了，安保系统也很完善，外出时也更加放心了。这一点独栋洋房是比不上的。"

要点：上班族的梦想便是想要拥有自己的房子。在未来生活的规划中，最基本的便是住房。因此，大可聊下住房问题，对方一定会很有积极性。

话题33　住地

"我在这附近住了14年。最初这附近全都是农田，晚上回家必须得打手电筒。现在住房越来越多，也开了超市和便利店，生活方便多了。住久了之后对这里也产生了很深的感情，越发离不开这片土地了。"

要点：习惯了之后会觉得家附近的风景、上下班地铁、购物环境都是最棒的。互相交流彼此家附近的好处，气氛一定会很热烈。而如果初次见面的人在聊了之后发现彼此住得很近，会变得亲近许多。因此，这也是一个活跃谈话气氛的好话题。

第十一章 CHAPTER 11

赞美让对方意犹未尽

1 真诚的赞美会让人打开心扉
2 赞美要发自内心
3 如何发现对方的优点
4 恰当地运用蕴含赞美之意的附和词
5 赞美要和询问相结合

1 真诚的赞美会让人打开心扉

恰当的赞美会让对方更加积极地参与对话

"正是因为你的辛苦付出,我们公司才能有现在的发展。你是我们公司不可多得的人才啊!"

溢美之词会让人心情愉悦。被赞美、被肯定是人们的基本需求。每个人都会有许多的愿望,很多可以通过自己努力获取,但"渴望赞美"这个愿望却是无法自我满足的。因此,来自外在的赞美会让人感到被认同的喜悦。

正是如此,如果在谈话中加入恰当的赞美,会带给对方好心情,谈话气氛也会因此变得活跃。

"咱们公司的女同事聚会上,你可是个热点话题呢,她们说你对女同事非常温柔、热情。"

"不是吧?说我吗?我没有吧?"

"B小姐说,有次她拿着很重的书爬楼梯,累得气喘吁吁,还好你看到后帮她拿书。还有呢，C小姐说有次下雨，她没带伞回不了家。你借给她伞，还送她回家。"

"啊，那两次刚好让我给遇上了，刚好我也有时间，就搭了把手。我想其他人遇到这种情况也会帮忙的。"

被称赞之后，即使是平时沉默寡言的人，也会像上面这则对话中的后者一样自谦。因此，称赞同样也是引导对方开口说话的方法之一。

称赞催生友好

若想变社交谈达人，还有一点非常重要，那就是要让对方喜欢你。不管是多么得舌灿莲花，如果对方从心底厌恶你，仍然不会跟你进行友好、和谐的交谈。

同样，对方的厌恶也会给你自己造成影响。说话时的表情会变得僵硬、寂寥。因此，无论是要说服对方，还是要向对方解释某件事情，最能发挥作用的要素仍然是和谐的人际关系。

而要建立友好和谐的人际关系，首先要学会恰当地称赞对方。因为称赞会传达我们的善意。

交谈中，若对方能感受到我们的善意，沟通也会变得融洽许多。

"您是我们公司男同事里边最靠谱的一个了。"

"是吗？我自己倒真没觉得。不过你这么说，我很开心。"

"不止我这么说，大家都私下里夸你呢！这次休假，公司的女同事们想出去野营。但因为都是女生，还是有些害怕，希望能找一个男同事陪同。大家都想到了你，一致认为你最让人放心。你要是能去，大家一定会特别高兴。"

"真的吗？大家那么信任我吗？但我已经有约了，等我问问能不能取消吧。"

当人受到称赞时，不仅会变得更加自信，也会对称赞我们的人产生好感。这个时候，不管对方是同性还是异性，都想要满足对方的愿望。这是因为，人在心情好时更容易接受和认同他人的意见。

这便是称赞的效果。

❷ 赞美要发自内心

不着边际的称赞会起到相反的效果

称赞的本意是认同对方的优点，并传达给对方。

人总是喜欢别人称赞自己的有点，比如姿态优美、讲究礼节、声音动听、对人温柔、热心、有责任感、积极乐观、努力、诚实等。看到别人的优点时，诚恳地表达赞美之情，会让对方充满自信，也会获得更多的好感。

这在交谈中会起到意想不到的效果。

"你这西服和领带搭配得真好，特别有品位。"

听到这样的称赞，对方一定会很开心。从而能够对称赞自己的人放松戒备，主动交谈。

但阿谀奉承则不会起到这样的效果。

"我以为这是哪儿来的美人呢，走近了看原来是你啊。我还想着是不是哪个明星来了，想赶紧要个签名呢！"

"这是你家的小狗吧？真是伶俐。也只有您这样聪明的主人才能养得出这么聪明可爱的小狗。"

说出这番话的人，一面表达着溢美之词，一面却在心底吐舌头，目的是希望利用这些言不由衷的话来博取对方的信任。但这些话轻易便能被识破。谎言被识破之后，撒谎者也会陷入信任危机，会被对方认为是"油嘴滑舌的肤浅之人"，从心底产生厌恶之情。

因此，如果不是发自内心的赞美，便会与阿谀奉承混为一谈，从而带来不好的结果。这一点需要大家格外地注意。

为何阿谀奉承会被识破呢？这是因为语言传达意思，而声音传达内心。试图取悦对方而说着言不由衷的话，声音语调会出卖自己。

"你总是事半功倍，真让人羡慕！"

即使是这样简短的一句话，听话人也能通过语调轻松地分辨是真心还是挖苦，抑或是出于礼貌的奉承。

语调能真实地反映一个人的心情状态和真实意图。因此，通过说话时的语调，我们的真心和诚意无时无刻都在被人们考察。

人在称赞对方时可能会有两种表现。一种是边说话边摇动身体，一种是说话的同时眼睛注视着对方。哪一种表现会让对方开心呢？当然是后者。

称赞意味着认同和赞同。正如前一节所提到的那样，称赞是发自内心的、真诚的情绪表达，而真诚需要我们拥有谦虚和诚恳的态度。

"多亏当时你坚决反对和那家公司的交易。事实证明你是对的，那家公司后来果然倒闭了。说实话，最初你反对的时候，我气坏了，因为想着如果交易成功，我们的交易额能大幅度提高。你的先见之明和准确的判断力、决策能力挽救了公司。希望以后你能发挥更大的作用。"

人都会有一种奇怪的嫉妒心理，让我们不能诚恳地接受旁人的优点。正因如此，许多人不能接受对手、比自己资历浅的人的优点，甚至加以批判。他们会认为称赞别人就意味着承认己不如人。

其实，每个人都有自己擅长的事情。发现旁人的优点，并保持谦虚的态度，才能让称赞具有说服力。这样的态度也才能有助于自我成长。

但需要认识到的是，称赞不仅会让对方心情愉悦，也会更加拉近彼此的距离。这才是人际交往的秘诀。

学会真诚地赞美他人

① **学会谦虚**
我们需要学习的地方还很多
发现对方的优点，弥补自己的不足

② **真诚地赞美**
你这一点尤其值得我学习
不害羞、不嫉妒、不谄媚、不攀比
只有这样，称赞才有说服力

③ **正直谦虚有助于个人成长**

❸ 如何发现对方的优点

"你唱歌真好听，低音部分非常有味道。"

"我发现你在地铁上每次遇到年长的人都会给他们让座，真了不起！"

"你不仅人长得漂亮，还总是微笑着。这一点让我非常喜欢。我想也是很多人喜欢你的原因。"

"这个手提包，你拎上格外好看，非常适合你。"

称赞意味着自己被认可。因此，恰当的评价会让人心花怒放。

但对于很多人来说，如何发现对方值得称赞的地方并非易事。

这里向大家介绍两个要点。

① 对方非常关心且希望对方注意到的事情是什么；

② 对方自己没察觉到的自身优点是什么。

找到这两个要点，你便找到了他值得称赞的地方。对于第一点，如果和对方非常熟悉，那就不难发现。而如果并不熟悉对方的情况，可以通过提问去发现这些特点。这需要对方积极地对问题做出反馈。

这就是为什么我们强调，提问要以对方为中心。

称赞要具体化

对方关心的、擅长的事情可以在交谈中通过对方的表情捕捉得到。

"我平时不太擅长当众讲话，总是不由得就紧张到语无伦次。但奇怪的是，在卡拉OK唱歌时却一点都不紧张，能很流畅地唱完每一首歌。"

对方在说这些话时，眼睛注视着我们，并放射出光芒，这便是他喜欢卡拉OK的一个表现。

这时如果围绕卡拉OK聊下去，就会发现对方希望被认可、被称赞的事情。

"那首歌你也能唱啊，太了不起了。我之前也挑战了好多次，但这首歌的音域实在太广了，我怎么都唱不好。有时间一定得听下你的唱法。这首歌有什么窍门吗？"

接下来可以结合对方的回答，从声音的控制、花腔的使用、节奏的掌握、感情的投入、歌词的表现等方面做总结，具体地称赞对方的优点。

如何尽快发现对方的优点

人格
责任感、积极性、热情、协调性、忍耐力、温柔、诚实等

品质
性格、工作能力、开朗、同情心、生活习惯、人缘等

习惯
表情、声音、歌声、说话方式、朋友、家人、行为、世界观、常用品等

由此掌握对细节的观察力！

提醒对方他的优点

人在做自己喜欢的事情时，会更有决断力和行动力。以此为线索也能发现每个人的喜好。仔细地观察之后就能发现对方所擅长的事情。

前面我归纳了有助于尽快发现对方优点的三个方面。

"最近你的球明显打得远了啊,仔细看了才发现您这是换了新的打法。送球非常漂亮,动作干净有力。果然还是动作到位了,球不仅打得远而且方向不会偏离。"

正如前面所提到的,称赞需要认同对方的优点和价值。

而如果被称赞的方面是众人有目共睹,而被称赞者本人却毫无察觉的,他会非常开心,更加自信。

不适宜称赞的话题

有些话题并不适宜被称赞。若在交谈中不小心用到了,会起到相反的效果。

比如,如果对身体较胖的男士说"您这体型显得特有派头",可能出于好心,但对方不会感激你吧。同样地,若对女士说"您这模样可真富态",对方可能要被气坏了。

想要夸赞某位上司时,如果说"您能拥有像小A这样能干的部下,可真幸运,太让人羡慕了",并不会让人感觉异样。而如果说"下属的销售额能比你这经理还高出几倍,真是太有能力了,真羡慕你有这样的好员工",则会让那位上司感觉自己被贬低。

对带着小孩的母亲说"您女儿长得可真漂亮,跟她父亲像极了",可能会让人感觉奇怪,这里的潜台词是说母亲长得不好看吗?

因此,称赞别人时,如果情绪并非单纯地赞美,而带入了个人的复杂情绪,很多时候会让人心生厌恶。

"据说你借了很多钱。能借这么多钱,说明你的信誉好。信誉好大家才会借给你钱。不像我,谁都不借给我钱。"

这番话本意是称赞别人,但并不会让对方感觉舒心。

因此，我们在称赞对方时，要注意恪守禁区。

④ 恰当地运用蕴含赞美之意的附和词

附和与赞美的融合能提升交谈气氛

前面的章节提到附和是交谈的润滑剂。有些附和词蕴含着赞美之意。恰当地运用这些附和词，不仅会让交谈富有节奏感，也会让心情愉悦，更加积极地参与互动。

以下我将为大家介绍几则常见的附和词。

好棒！

"我喜欢画画。画画这二十五年来，感觉最难的部分就是主题的选择。不过辛苦总算有回报，在去年的全国画展中，我有一幅作品获得了优秀奖。"

"哇！好厉害！能参加全国画展就已经很厉害了，何况你还拿了优秀奖，真了不起！"

只是轻描淡写地附和说"好厉害"，可能会打消对方的热情。只有发自内心的感慨和真诚的赞叹才能让对方感受到你的赞美。

不愧是……

"这次的大卖多亏小A的功劳，我亲眼见证了这一切。"

"不愧是经理，像您这样认可下属成绩的人真不多见。有多少人都凭借下属的功劳居功自傲。"

"不愧是"这几个字蕴含着赞美之意。但需要格外注意的是,语调不当会让人感觉是在讽刺。因此,为了避免被误解,说话时一定要真诚。

太让人吃惊/意外了

"听说您退休以后要到大学去念书?"

"是啊,我上班时就一直想学法律。退休后刚好就有时间了,就去参加了考试,没想到考上了。"

"太让人吃惊了!那您一定是没退休时就利用每个节假日去学习法律吧。"

看似附和地说出"太让人吃惊了",然后简短地表达自己的想法,这样,附和词也变得有深意了。

此时如果能结合说话内容有声音和表情上的变化,就更加生动了。

"我女儿在美国遇到困难时偶然认识的男孩居然是你儿子。"

"是吗?那可太意外了,这真是缘分啊!"

语言上的雕琢也能让表达更为传神。

"周末我和女朋友到我家附近的餐厅吃饭,你猜我遇到谁了?我居然遇到了总经理!"

"是吗?那太让人意外了!他看到你了吗?"

在表达吃惊、意外之意时,配合瞪大眼睛等表情,会让对方更加身临其境。

那不可能吧?

"平时我一般都骑车上班。一边骑着自行车,一边听着音乐,有时还用手机发邮件,甚至边骑车边吃东西。不知不觉地,从巢鸭到新宿,居然只用了30分钟。"

"30分钟？那不可能吧？"

在说"那不可能吧"时，加入"难以置信"的表情，会让对方更加投入地接着讲下去。这句话如果用得恰当，会顺利地引导对方参与更多的话题。

真让人钦佩

"我们公司到现在终于成为拥有500名员工的大企业。这其中蕴含着社长在创业时付出的血与汗。六十年前，他仅用一辆租来的汽车，在炎热的夏天，一个人来回十多趟爬过这个大坡。虽然只有微薄的薪水，他依然非常努力地工作。正是他的这番付出，才有了公司的今天。"

"真让人钦佩！"

这是表达尊敬和感谢之意的附和词。能够传达出"创业者是白手起家的奋斗者"这样的尊敬之情。

❺ 赞美要和询问相结合

被赞美的就是他想聊的

"你的领带真别致，和你的西服很搭配。是你自己选的吗？"

"谢谢。这是我妻子送我的礼物。"

"是吗？妻子特意为你买的啊？"

"上周二是我的生日，这是她提前选好送给我的。"

即使只是一根领带，能够被人称赞也是很让人开心的事情。但如果自己主动说它是"生日礼物"，会让对方觉得有炫耀之意。这时后者的内心在想的其实是"如果被问到，就告诉他"。而此时，如果能及时洞察到对方的这一想法，把他想说的话问出来，会很好地迎合对方的心理，让对方感觉自然、舒畅。

"听说你从A公司接了个大单子，真了不起。"

"谢谢。我也很高兴，终于拿下了这个单子。"

"这个单子我和其他几个同事也都挑战过，都以失败而告终。你这次能成功实在太让人佩服了！"

在这个对话中，肯定对方所取得的成绩固然重要，但还需要注意到的是，对方为了最后的成功，一定付出了很多的努力，这个过程也一定是他引以为豪的事情。

"我想你一定付出了常人所不知道的努力，能不能详细讲给我听听呢？"

想被人称赞的事情往往也是想要跟人分享的事情。因此，在称赞之后，进一步地提问能够让交谈变得更加轻松愉快。

欣然接受赞美 = 有进一步交谈的欲望

① 欣然接受赞美

你的眼镜真不错

谢谢

② 接受赞美意味着他可能有更多想要表达的

我这可是德国的牌子

> 旅行的时候好不容易买到的特别做的限量版呢
>
> ③ 提问会激发他更多的话题
>
> 你这眼镜款式可不多见呢？你在哪儿买的啊
>
> 你观察可真仔细。其实这是……

赞美和提问的融合

"我以前一个人在外出差好几年……"

"独自在外出差吗？一定很辛苦吧？"

"在香港待了五年，老婆每个月去一次帮我整理房间。"

"那你老婆也挺辛苦的。一般人还是很难做到的。为什么没把家人带在身边呢？"

"还不是孩子上学的问题。而且我母亲也需要人照顾。"

"那多亏你老婆了，真是让人佩服。不过现在终于一家团聚了，不用像从前那样奔波了。"

称赞和提问的自然融合会让交谈气氛更加融洽，而这并非易事，需要集中注意力，并时刻站在对方的立场上考虑问题。

希望大家能在平时的交谈中有意识地练习，争取熟能生巧，早日掌握其中的技巧。

第十二章
CHAPTER 12
如何让交谈富有节奏感

1 富有节奏感的交谈意味深长
2 交谈中的"停顿艺术"
3 这样的告别让人印象深刻

① 富有节奏感的交谈意味深长

从古至今，很多名画都是留白取胜。这是因为恰当的留白才能凸显画作的主题。谈话亦是如此，谈话中的"停顿"就如同画作中的留白，能够提升谈话的质量。

但停顿并不等同于沉默。沉默会导致冷场，而有节奏的停顿则会活跃谈话气氛。

"我今天去看车展了。你不知道有多棒！各种各样的车简直看得我眼花缭乱，仅是车的外观就让我目不暇接，根本来不及详细了解车的详细性能。真的太棒了！"

如上，我们在和家人聊天时，说话会很自然、流畅。

这是因为心态放松，从而能够不参杂任何杂念地表达内心想法，于是能够在适当的地方停顿。如果在和他人交谈时也能有这样的心态，就不用为节奏感而苦恼了。

"昨天我去看车展了。可能是因为现在开车的女性越来越多，车的外型也越来越时尚了。"

恰当的停顿会让谈话气氛变得轻松，对方也能在这样的气氛中放松下来，更好地跟随谈话的节奏。

停顿不同于沉默：

"早上好！"

"早上好！"

"今天天气真好！"

"是啊！"

"……"

"……"

这个不叫停顿，更像是找不到话题，任由沉默来打发时间，很多人都害怕这样的沉默。停顿则绝非如此。

"今天可真开心！"

"是啊，真开心。下次一定再约。"

交谈中恰如其分的停顿会让谈话更有韵味，让人印象深刻。换言之，停顿的技巧决定了谈话的质量。

给彼此留下停顿的空间是交谈的潜规则。

"听说你家是北海道旭川的，现在那里一定很冷吧？"

"是啊，马上该下雪了。一旦开始下，整个冬天就会接连不断地下雪。"

"这样啊。不过听人说，寒冷地方的人内心都很温暖。家乡一定有你许多美好的回忆吧。你在那里生活了多长时间呢？"

交谈需要双方给彼此留下回应的空间。提问者需要给对方留下思考答案的时间。

说"天变冷了"，需要停下来，听听对方的感受。

"昨天发生了一件好事，你猜会是什么事儿"。这里的后半句是为对方留下了期待的空间。

在跟人说明、解释一件事情时，需要留意对方的反应，适当的时候停下来确认对方是否有疑问。

"沿着这里一直走，在第四个红绿灯向左拐，走到尽头有一家美容院，从那里再向右拐。这些听明白了吗？"

停顿根据不同的目的会有不同的表达，需要基于不同的场合恰当地使用。

而要做到这些，就需要认真聆听对方的谈话，跟随对方的节奏。掌握了停顿的技巧，便可以称为"交谈达人"了。马上开始练习吧！

停顿有很多的含义

等待对方思考

勾起对方的兴趣

确认对方是否理解

说服

回味

❷ 交谈中的"停顿艺术"

"谈话的艺术即是停顿的艺术，"被称为交谈之神的德川梦声先生如是说。说话不知停顿被称为"愚钝"。愚钝的人难以吸引听话人跟他保持沟通。

"我跟你说,我家附近有个特别不守规则的人,简直让我头疼死了。光是'请在指定时间倒垃圾'这件事,我们写在告示板好几次,他居然熟视无睹,照样在前一天倒垃圾。你周围有这样的人吗?玻璃碴子散落得满地都是,还得我们帮他清扫,真是气死人!"

这个例子中,说话人一口气说了这么多,完全不给对方思考和回应的空间。

这是自说自话,不考虑他人感受的典型例子。这种人时刻想要捍卫自己说话的权利,完全不站在对方的立场为对方考虑。

潜意识里,他们认为"不等我说完就不要插嘴""我说的都是对的"。在他们这里,听话人连附和的空间都没有,完全插不上话。

在电视节目里我们有时也会看到这样的人。只要他们一开口,就会滔滔不绝,一旦注意到他人要发表意见,立即加快语速,争着抢着说话。

这种单方面的说话不能称为交谈。交谈需要对方的参与,需要对方的附和和意见。

"你们家是谁倒垃圾啊?我们家是我先生,他在出门上班时候顺便会把垃圾倒掉。你们家也是早晨倒垃圾吧?可是,我们家附近有个独居的人,早上睡懒觉,总是晚上倒垃圾。搞得一到早上,就看到满地的玻璃碴子和乱七八糟的厨房垃圾。真让人头疼!你家附近有这样的人吗?"

这样的讲话方式,会让对方在听话时带着自己的答案,做好了回应的准备。而说话人需要注意的是,一旦提出问题,就需要给对方留下思考时间。有时需要做出一定的铺垫,让对方易于作答。

许多人在说话时,不考虑对方的感受,只是自说自话。我们需要引以为戒。

恰如其分的停顿让谈话悬念丛生

"前几天,发生了一件让我万分诧异的事情。"

听到这里,任谁都会想"到底是什么呢",人们会屏住呼吸,攥紧双拳,竖起耳朵听接下来的话,想知道个究竟。然而,说话人却要卖个关子,并没有马上说下去。

停顿得越久,气氛越是紧张。这是说话人在试图利用停顿来勾起对方更大的兴趣。

"前几天,发生了一件让我万分诧异的事情。就是那个,这个,那个……"

这个不叫停顿,更像是说话忘词。会让听话人感到着急。

说话吞吞吐吐是找不到词、无话可说、走神儿的表现,不能对交谈起到任何的积极作用。

营造话题的延续性

"我们公司有位美女,不仅人长得漂亮,而且善良、温柔。都以为这么好的条件一定很多人追求,后来才知道她一直单身。原因是和母亲一起生活,一旦自己结婚了,母亲会很孤单,所以宁可不结婚,也要陪着母亲。真是个好女人啊!"

"现在这样的人的确不多见了。回想起来,也就很久很久以前的时候,人们孝顺自己的父母。现在真的很难见到这样的人了……"

谈话的延续性很重要。话题的延续会产生让人回味的空间,而回味能够让谈话变得更有趣味。

因此,交谈时不可随意转换话题。过于频繁地转换话题会给人以自我中心、不尊重人的感觉，留下不好的印象。

重视谈话的延续性，营造语言的气韵，只有这样，才能无形之中在交谈中变得游刃有余，自己的谈话变得余韵悠长。

学会倾听是延续谈话的第一要素

"我一个高中时的好友去美国留学，我到机场送他。一想到会很久见不到他，我难过得留下了眼泪。"

"去美国啊，可真不错。不过要是我，我就去法国。你不觉得能说法语是一件很酷的事情吗？"

上面这则对话中，后者的回答完全背离了前者讲话的主旨。也许是对"去美国留学"这句话而有所感触，但"美国可真不错"这个感慨却完全背离了前者的意思，可见他根本没有听进去前者所表达的"朋友要离开，觉得难过"。

保持谈话的连贯性需要我们用心倾听对方想要表达的意思，而不能只流于表面。

"我一个高中时的好友去美国留学，我到机场送他。一想到会很久见不到他，我难过得留下了眼泪。"

"那真是让人难过，我能理解你的心情。虽然可以打电话、发邮件联系，但毕竟很难见面，还是会非常想念彼此。"

正如上面这则对话，只有顺应对方的意思，才是正确地掌握交谈的节奏。

> ## 如何让谈话富有节奏感
> ① 认真倾听
> ② 保持谈话的连贯性
> ③ 连贯让对话富有节奏

对待停顿泰然自若意味着你成功了

"你看这份销售计划书的方向怎么样？"

"……坦白地说，我认为还有改善的空间。"

"那你看该怎么改呢？"

"我认为对市场的把握不是很准确。"

"你也这么认为啊？你说的很对，我会再认真考虑一下。"

这则对话中，双方并没有刻意营造停顿，所有的停顿都是随着说话的节拍、话题的内容以及对方的反应很自然地产生。不同的情形下，停顿有长短之分，具体长短的区分并无固定的程式。

这正是停顿的难点所在。如果不得要领，可能会导致越是有意识地寻找停顿的时机和长短，越发局促不安。

而基本上，只要做到能够诚恳、热情地对待谈话，节奏感便会油然而生。

"这是本次的新品，请您随意试用。这款产品在市场上好评如潮，希望贵公司可以尝试使用。"

一旦克服了对节奏的恐惧心理，你就能成为一名谈话的佼佼者了。

❸ 这样的告别让人印象深刻

"告而不别"要不得

"真是很抱歉，一不小心就占用您这么长时间。不过看到您身体挺好我也就放心了。平时再忙，也要务必注意身体啊。下次小A的欢迎会上咱们再见。说到这里，我想起上次跟小A一起打高尔夫球的小B生病住院了。据说现在还在检查，真希望没什么大问题。呀，真不好意思，这一说又说了这么久。您这么忙，真是打扰您了。您不忙啊？说的也是，现在经济不景气，公司效益都不怎么好。我儿子公司现在也是举步维艰。您也……"

这段话中，说话人本是要告别，结果不断冒出新的话题，导致道别变得没完没了。这样的谈话我们称之为"告而不别"。

"告而不别"会让人敬而远之。

这样的人自己通常并无自知，他们说话总是偏离主题，让听话人急不可耐。因此，这样的人不仅不会受到大家的欢迎，谈话也不会给人留下深刻印象。

这同样也是不尊重对方的立场、心情的表现。像上面那样拖沓冗长的道别，只会让听话人疲惫不堪。自说自话、自以为是的发言也同样会惹人厌烦。

认识结束对话的信号

和延续对话一样,结束对话同样需要读懂对方的内心,找准正确的时机。

"今天真的太谢谢您了,连杯热茶都没招待您,真是抱歉。"

有的人听到对方说出这样的话时,仍旧不明白要起身告别。

人的心理状态会随着时间发生改变。面对久未谋面的朋友,我们可能说上几个小时都意犹未尽,在不得不告别时会内心焦灼。

告别要发生在正确的时机,这需要准确地把握对方的心理。而对方的心理会反映在语言和行为表现上。下面归纳了常见的表现。当你察觉对方出现这些行为时,就需要开始告别了。在正确的时机告别,会让对方觉得心有灵犀,给对方留下好的印象。

这些表现同样也是对谈话失去兴趣、感到不耐烦的信号。如果此时,无视对方的表现,继续聊下去,会惹人反感。

接下来,就让我们一一剖析这些信号吧。

暗示"告别"时机的信号

语言

"我知道了。关于这件事,我回头再联系您吧。"

"请帮我向您的夫人问好。"

"真抱歉,我今天还有事,不能跟你详细谈了。"

"感谢你特意前来。没有好好招待你,真的很抱歉。"

> **行为**
>
> 频繁看表
>
> 拿着铅笔不断在桌上敲击
>
> 视线开始游离，注意力不集中
>
> 附和之后没有更多的表达
>
> 莫名其妙地附和

适时地道别，会让双方感到"意犹未尽"，从而期待下一次的会面。

饭吃八分饱，话说七分妙

常言道："饭吃八分饱，话说七分妙。"再美味的食物，吃撑到无法站立，最后只会感觉痛苦。所有好看的电影和电视剧，最后一幕都会给人留下深刻的印象，制作者们也都会为这最后一幕的精彩表现倾尽所能。

这便是说，结尾非常重要，同时也很有难度。

交谈亦是如此。告别的恰当与否直接决定了人们对交谈留下的印象。每个交谈达人都非常擅长告别。告别的正确时机应该是双方都感觉"这次谈话太开心了，真希望能多聊一会儿"时，即对谈话感觉意犹未尽之时。

这便是我们说的"饭吃八分饱，话说七分妙"。

结 语

跟谁都能聊得来，你能做到

> 1　提升人格魅力
> 2　不急于求成
> 3　说话方法因人而异，所以要有自己的特色
> 4　勇气是通往所有成功的必经之路

① 提升人格魅力

让自己充满魅力

在任何场合下、与任何人都能愉快交谈的秘诀是强大的人格魅力。人格魅力会让对方产生好感，被谈话深深吸引。因此，具备了这样的魅力，便能无往不胜。

而如何检验自己是否具备这样的魅力呢？如果你能让异性以及同性都感觉可信、可爱，那你便是一个有魅力的人。

要变得充满魅力，也并非一朝一夕的效仿就能做到。如下面所列举的那样，日常生活中的种种行为表现决定了自己的人格魅力。因此，在磨炼说话技巧的同时，一定要注意修身养性。

如何才能提升人格魅力

① 开朗的性格

* 积极、正面地思考问题
* 开朗、快乐地说话

② 真诚地倾听

* 不固执己见
* 感恩，谦虚

③ 做有信誉的人

* 言必信，行必果
* 守时，守信

④ 诚实

* 正直，善良
* 不为外界所动，不贪婪妄为

❷ 不急于求成

积极的态度是良好的开端

与人交谈时，总是难以调动现场气氛，谈话总是草草收尾。不会跟初次见面的人、地位高的人轻松地交谈。本书为抱有这样烦恼的人、想要谋求改变的人，从不同的角度提供了各种建议。

这些建议会帮助你解决交谈中遇到的各种困难，从而让你在谈话中游刃有余。然而，要做到这些，有一点非常重要，那就是立刻行动起来。

无论从书中了解到多么丰富的理论知识，如果不付诸实践，都只能是一纸空谈。

不会游泳的人即使读了"游泳秘诀"，也一样不能学会游泳。我认为，死读书，毋宁不读书。请大家永远记住"实践出真知"这句话。

刚进入公司的新人都会从抄信封等杂事开始做起。这时，总有人自命不凡地认为"为什么要让我做这种低级的事情？我来公司可不是为了抄信封的"！但这样的人往往较难被委以重任。

与此相反，另一些人则在抄信封时，会时刻想着"如何才能让收信人在看到信时心情愉悦""如何才能效率更高"。这样的人自然会受到重用。

积极的人会获得更多的机会。许多新人都会在入职欢迎会上说"将来也想成为总经理"。但要真正地实现这个梦想，必须从那一刻起采取行动。

勇敢踏出第一步

交谈也需要充满勇气的第一步。只有积极地实践，才能在这个过程中掌握一个个技巧。

但总是有人会说"说起来容易，但……"，找出各种理由推诿。他们迟迟不能下定决心，不能迈出实践的第一步。

而勇敢面对挑战的人能逐渐地找到自信，脱离原先的后进分子队伍，慢慢掌握交谈的技巧。一次次的积累最终会带来意想不到的进步。更无须对实践这件事感到恐惧。

首先，可以从家里和职场开始练习。这是最好的实践场所。在这里感受到的小小成功会让你积累许多的经验。这些经验会使你充满自信，从而能够在其他场合里、面对其他人大方地表达。每一次成功的经历都会给你带来好的口碑。

"千里之行，始于足下。"要实现既定目标，必须迈出第一步。我相信每个人都能够自如地面对、快乐地享受每一次交谈。只要迈出勇敢的第一步，光明的前途便不远了。

❸ 说话方法因人而异，所以要有自己的特色

养成乐观思考的好习惯

无论我们的话多么有道理，敬语使用得如何恰到好处，说得多么有热情，只要对方不愿意听你说，一切都是徒劳。

那么，请想一想你自己会喜欢听什么样的人讲话呢？

虽是初次见面却性格开朗的人、能够信赖的人、值得尊敬的人所说的话，也就是说面对那些拥有个人魅力的人，我们才有想要听其说话的欲望，对吧？

实际上，若想掌握高超的说话方法，最重要的就是要成为被人喜欢的人。让周围的人充分感受到你的人格魅力是十分必要的。

所以，积极热情地主动打招呼，站在对方的立场思考问题，关心、尊重对方等，这些都非常重要。

在此基础上，为了进一步提升你的个人魅力，还建议你要学会乐观的思维方式。

话语中彰显着你的思维方式和心理状态

为什么在讨论说话方式时要谈及思维方式呢？因为透过语言，对方可以看透你的灵魂，也就是你的人格。老话说得好，听其言观其人，也就是听你说话就能看出你的教养、人缘、知识面等各个方面。

让我们以音调为例，通过一个人说话声音的调子就可以知道其心理状态。

比如，"请您稍等"这么一句简单的话，音调不同，反映出的说话者的心态也会千差万别。如果你想的是"都这么晚了，还不辞辛苦地冒雨前来买东西。一定有急用吧。偏偏这么不巧，没有现货，需要到仓库去取，又得请您久等了，真是不好意思"的话，这种歉意和感激之情也会随着话语自然流露出来的。

反之，如果你想的是"人家刚要下班，又来人买东西，真是讨厌！"的话，这种厌烦情绪也会随着音调的变化传达给对方的。

虽然说着一样的话，但是传达的信息却是截然不同的。同样道理，"好的""谢谢"等词语也会随着音调的不同给人不同的感觉。可以说，语言使你的心理状态、各种情绪在对方面前暴露无遗。

另外，心口不一地说话，一旦付诸行动就很容易暴露。那些口不对心的人是不值得信赖的，谁都不愿意理睬。用行动证明自己的话，才会让人觉得你很诚恳。

乐观的思维方式会改变你的说话方式，说话方式的改变又会影响你的行为模式。行为模式发生了变化，你的生活也会越发丰富多彩的。

所以，切记思维方式对说话方式的绝对影响，时刻提醒自己保持乐观的心态。

④ 勇气是通往所有成功的必经之路

成为积极的人

在我的课程里学习的朋友中，有一位叫维吉尔的女士，是美国人。她是州立大学的教授，而且日语超棒，甚至在日本做过多次演讲。有一次，听她说过这样一件事情。

"为什么日本的上班族能够一天二十四小时都和公司的同事混在一起呢？早上在车站会一起去公司；中午相约一起去吃午饭；晚上下班还要一起去喝酒狂欢。看着那些喝得酩酊大醉，互相搀扶着回家的人，我真是觉得不可思议，无法理解。"

确实，日本的上班族无论是工作还是娱乐，都是与公司同事一起集体行动的。

面对这种脱离公司集体就会丧失自我的日本上班族，外国人一定会觉得很诡异吧。其实，这是一种依赖心理的外在表现。

现在，有很多上班族陷入了"依赖他人综合征"，甚至成为了社会性问题。所谓的"依赖他人综合征"是指那些如果没有别人的帮助就无法拿定主意的消极的人。人的内心都有消极和积极两个方面，有时候会积极地连自己都惊讶万分，有时候拖拖拉拉地让人恨得牙根发痒。哪一方面表现出来的越频繁，你的性格也就越倾向于哪一方面。

当然，态度消极的人也有消极的好处，我们不能一味地否定。比如说，忍耐力强，比较亲切，有毅力，善于理解别人的难处等。但是不得不说消极的人缺点更多，比如说，说话没有底气，不善于与人交际，缺乏判断力和行动力，优柔寡断，意志不坚定等。

相反，积极的人就会乐观开朗，说话铿锵有力，喜欢与人打交道，有决断力和行动力，眼睛明亮有神。

所谓的决断力，是指能够为了自己的将来做出重大决定的能力。所谓的行动力，是指能真正实现自己做出决定的能力。

相信大家已经明白我的意思了！想要拥有良好的说话技巧，首先要把自己打造成为积极生活的人。为此，我们要告别"从明天开始"的想法，一切从现在做起！

有一次，当一位著名的摄影师被问及"如何能够拍出让人印象深刻的相片"时，他回答道："首先要做的是取下相机盖。"

也就是说，与其想这样那样的方法，不如现在就迈出一步看看，这就需要实现目标的勇气了。

从今天开始拿出你的勇气走进群体，尽量和更多的人积极说话。注意不是去等待别人找你，而是主动开口与别人攀谈。

这样，你一定可以与更多的人相遇相知，你的人生一定会变得与众不同。衷心祝福你不断取得进步与成功。